Aprendiendo a conducir

Máximo Luis García

authorHOUSE®

AuthorHouse™
1663 Liberty Drive
Bloomington, IN 47403
www.authorhouse.com
Teléfono: 1 (800) 839-8640

Publicada por AuthorHouse   08/18/2016

/ISBN: 978-1-5246-2062-2 (tapa blanda)
ISBN: 978-1-5246-2060-8 (tapa dura)
ISBN: 978-1-5246-2061-5 (libro electrónico)

Numero de la Libreria del Congreso: 2016911970

Información sobre impresión disponible en la última página.

He producido este panfleto con la intención de ayudar al estudiante que desea prepararse para lograr un mejor resultado para el examen teórico de la licencia de conducir del estado de Connecticut y de cualquiera de los demás estados de la nación americana. Es mi recomendación que el estudiante se sirva en leer todo el material producido ya que le proveerá una amplia información, consejos y sugerencias que le pueden ayudar a tener una mejor experiencia como conductor (a) y hasta poder llegar a salvarle la vida en caso de un accidente. Recuerde que tener una licencia de conducir no es un derecho si no más bien un privilegio. La licencia pertenece al estado que la otorga. De tal forma que ese estado tiene la autoridad y/o capacidad para quitarla.

*He recopilado varias de las preguntas que a mi entender pueden ayudarle a ser más exitoso (a) en la preparación para su examen.

Mucho éxito.

* Estas preguntas son para la preparación del estudiante. No quiere decir que son todas las preguntas que han de salir o aparecer en el examen o que al estudiar este manual usted está asegurado que va a pasar..

Contenido

LECCION 1 ¡Estoy Listo Para Conducir!

1.1 Las medicinas

La mayoría de nosotros los conductores de esta época tenemos la siguiente costumbre:

Nos levantamos. Sabemos la rutina del día. Trabajar, regrezar a la casa y luego cumplir con el millón de cosas que siempre tenemos que hacer. Pero ¿cúantos de nosotros consideramos antes de salir a conducir si verdaderamente estamos listos para hacerlo? Nos envolvemos en nuestra rutina y muchas veces olvidamos que estamos enfermos o hemos estado tomando medicamentos. **Los medicamentos afectan la manera en que conducimos especialmente los analgésicos.** El concepto general es el que sólo los medicamentos recetados pueden afectarnos en nuestra manera de conducir. Este es un concepto equivocado. Los medicamentos que adquirimos aún sin recetas aunque sea para la gripe más común, afectan nuestra manera de conducir. Nuestros reflejos y otras habilidades pueden ser afectadas al momento en que tomamos medicinas. Por su puesto que hay enfermedades que son más serias que otras. Pero aun enfermedades no letales tales como un dolor de piedra en los riñones, migraña, dolor de muela y/o de oido pueden impedir a una persona conducir efectivamente. Si usted planeaba salir a conducir o tal vez tenía alguna cita a la que atender y envuelve que usted conduzca, analice primero si en verdad está capacitado para conducir y si el medicamento que está tomando no le afecta.

Otro de los errores comunes es: **Muy poca gente lee las indicaciones del medicamento o sigue al pie de la letra las indicaciones del doctor.** Vivímos en una etapa de la historia de la humanidad en que lo que no sabemos puede causarnos la muerte. Muchas de las medicinas que tomamos especifícan las reacciones o efectos secundarios que se pueden producir al ser tomadas. Pero ¿cúantos de nosotros las leemos y seguimos? Hay que tene presente que un accidente se acaba por lo normal en una fracción de un segundo y no debemos de conducir si no estamos abilitados para hacerlo.

Otro error sucede por nuestro buen corazón. Nos enteramos de que algún conocido nuestro está enfermo y automaticamente queremos compartir con ellos las buenas nuevas de nuestra salud. Nos convertimos en doctores y hasta recetamos conforme a nuestro conocimiento. **Esto puede ser un error fatal.** Cada paciente o persona es distinto y por ende los medicamentos son recetados tomando en consideración muchos de nuestros detalles individuales o personales. Por ejemplo: Un hombre de más de 40 años que mide sobre 6 pies de altura y pese más de 220 libras puede recibir una receta distinta a una mujer de menor edad, más baja en estatura y que pese menos. Amén de las alergias a ciertos medicamentos. Muchos antibióticos utilizan penicilina, pero no todos la toleramos.

De manera que antes de compartir nuestras medicinas debemos de tomar en consideración detalles como los ya mencionados y considerar seriamente si estamos haciendo algo correcto al compartir con otros nuestras medicinas.

Para obtener la licencia de conducir es necesario tener los conocimientos teóricos-prácticos y condiciones o aptidudes físicas y psicológicas adecuadas y determinadas.

1.2 Las emociones

Tendemos a pasar por alto la manera que nuestras emociones afectan nuestra manera de conducir. Una persona que ha recibído una mala noticia, está en proceso de divorcio etc; puede ser que sufra un accidente con más facilidad porque puede distraerse con facilidad. Recordemos que un accidente se acaba en una fracción de un segundo por lo tanto; un conductor distraído puede con facilidad no parar ante un pare, puede olvidar señalar para hacer un cambio de línea o simplemente dejar de mirar en las zonas no (también conocidas como puntos ciegos, zonas o ángulos muertos, o zonas muertas) y esto puede causar un accidente o hasta hacerle perder la vida. **Si el conductor ha estado envuelto en una discusión o se siente emocionalmente inestable; es recomendable que dilate su salida hasta que se haya calmado.** Tomar aire fresco, caminar por unos 10 minutos o distraerse de alguna otra manera es preferible antes de salir a conducir en tal estado emocional. Recomendamos que si usted puede postponer el salir a conducir mientras está enojado debe hacerlo. Otras alternativas es buscar quien pueda conducir por usted o hasta tomar transporte público.

Evite enojarse con los otros conductores. No todos tenemos la misma experiencia. Los estudios demuestran que un aprendíz o nuevo conductor necesitará aproximadamente unos 5 años para desarrollar el conocimiento que desarrolla un conductor promedio. Ni siquiera bueno. Todos cometemos errores en la carretera. De manera que no se enoje con el conductor. Enojese con lo que hiso el conductor pero, piense que pudo haber sido usted quien cometiera el error. De esta manera usted tendrá menos oportunidad de envolverse o hasta ser víctima de la violencia de la calle. Si alguien le toca bocina, claxón o el pito por un error que usted hiso simplemente ofresca una disculpa. Hay muchas personas muertas hoy en día por causa de la violencia de la calle. No condusca a los lugares que usted visita con frecuencia. Al hacer esto usted le acaba de enseñar al agresor donde encontrarle. Si usted considera que le están siguiendo, es mejor conducir hasta una estación de policía o lugar público.

Muchas veces nuestra manera de reaccionar antes ciertas circunstancias son cosas o estilos que antes hemos visto o copiado de alguna otra persona o hasta de algún programa de TV. Aprendamos y copiemos lo bueno, no lo malo. Recordemos que al momento en que nuestros padres nos crean, 23 cromosomas de cada uno de ellos se unen para hacer una combinación de 23 pares. Se cree que esta combinación (nuestra herencia génetica) es lo que determina nuestra personalidad. El medio ambiente donde nos desenvolvemos también puede afectar positiva o negativamente. Es cierto que nuestros hijos pueden heredar y/o aprender de nosotros muchas formas de reaccionar ante distintas circunstancias y problemas pero, el medio ambiente donde se desenvuelven puede afectar mucho. Una persona que crece en lugares donde se pelea con frecuencia no vacila en pelear a su primera oportunidad. Las emociones pueden ser experiencias aprendidas o heredadas, pero se pueden cambiar. Hay comportamientos que en nuestra comunidad aun se practican y es consequencia de haberlo visto hacer por otros o nuestros familiares. Existen otros factores que pueden jugar un factor clave en nuestra forma de conducir. Entre ellos mencionamos:

La fatiga: Sin tomar en consideración el género (sexo) de la persona todos un día más que otro podemos sentir más cansancio. Esta sensación de cansancio puede causar que la persona se duerma detrás del volante. Si estamos muy cansados o el cuerpo nos da a entender que necesitamos descansar, debemos hacerlo. Algunas de las formas que el cuerpo nos avisa que estamos fatigados son: bostesos frecuentes, cabeceamos, los ojos se sienten pesados, arden y hasta lagrimean. Podemos sentirnos confundidos y pensar no recuerdo "si habre pasado tal lugar ya". No se engañe. Cambiar la emisora en el radio, bajar la ventana, pegarse cachetadas y otros trucos que usamos para mantenernos despiertos puedan que no trabajen. Tomar bebidas cafeínadas (referescos, café, chocolate etc) han sido eficientes pero tenemos que considerar que el café no trabaja de igual forma en todos nosotros. Además, el café (droga adictiva) toma unos 20 minutos para empezar a surgir efecto y aquí comparto un dato intersante…Toma aproximadamente cinco horas para nuestro cuerpo quemar la cafeína.

No se puede conducir con tanta seguridad cuando está cansado como cuando está descansado. No ve tan bien, ni está tan alerta. Necesita más tiempo para tomar desiciones y no siempre toma buenas decisiones. Puede estar más irritable y enojarse más fácilmente. Cuando está cansado, puede quedarse dormido al volante y tener accidentes, resultando herido o muerto usted u otras personas. **Recuerde que todos estamos expuestos a fatigarnos.**

Existe el punto de vista que las personas tienden a fatigarse en viajes largos solamente. Esto no es 100 por ciento cierto. Un día de mucho trabajo, tensión o movimiento puede ser un día para que nos sintamos fatigados.

De todas maneras, aquí añadimos algunas sugerencias para viajes largos y que puede hacer para evitar cansarse en un viaje largo:

a) Intente dormir normalmente la noche anterior al viaje.

b) No salga de viaje si está cansado. Planifíque sus viajes para que pueda salir cuando está descansado. Dicen que "aquel que falla en planificar, su plan falla"!

c) No tome medicamentos que pueden adormecerlo.

d) Coma poco. No coma una comida grande o pesada antes de salir de viaje. Algunas personas sienten sueño después haber comido mucho.

e) Pare para descansar. **Pare aproximadamente cada dos horas o cuando necesite.** Camine, tome un poco de aire fresco.

f) Intente no conducir tarde en la noche cuando normalmente está dormido.

g) No conduzca nunca si está quedándose dormido. Es mejor parar y dormir una cuantas horas que correr el riesgo de intentar mantenerse despierto. En un entrenamiento para conductores comerciales escuché decir que por cada 10 minutos que usted duerme puede volver a conducir unos 30 minutos sin sentir sueño.

h) No conduzca más de 400 millas al día.

Descenso del ritmo corporal (**Circadian rhythm**): Muchas personas tienden a sentir sueño o cansancio entre la 1:00 pm y 5:00 pm y entre la media noche y las 6 de mañana. Esto se debe al efecto que tiene la naturaleza sobre los seres humanos por causa de la rotación de la tierra. No tiene nada que ver si la persona ha comido mucho o ha comido pavo o tomado jugo de tamarindo etc. La sensación de sueño que se experimenta usualmente dura unos 20 minutos. Si al conducir usted se siente con sueño o cansado, sálgase de la calle. Estacionece en lugar que sea seguro y no obstruya el tráfico y descanse. Asegure su carro, abra un poco de las ventanas para respirar aire fresco y descanse.
Tome en consideración que los accidentes fatales suceden con más frecuencia aproximadamente a 25 millas de donde vivímos.

Apnea del sueño: Es una condición que se produce cuando una persona puede respirar bien mientras duerme. Muchos consideran que la lengua se coloca en una posición que no permite que el oxígeno llegue a los pulmones como debe ser. Cuando el cerebro percibe la falta de oxígeno, hace que nos despertemos como si estuvieramos saliendo de una pesadilla para que volvamos a respirar normalmente. El problema consiste en que muchas personas han muerto por la falta de oxígeno y otras no se pueden dormir de inmediato y esto causa que pierdan horas de sueño y eventualmente descanzo. Si consideramos que la persona solo logre dormir unas cuatro a cinco horas y que esto pase con frecuencia, esa persona se convierte en una bala que está suelta en la calle. Uno de los problemas que causa la apnea del sueño es, que hace que la persona ronque muy fuerte y cause problemas entre la pareja. entiendo que este estudio se está llevando a cabo en niños por igual.

Narcolepsia: Es una enfermedad donde la persona no tiene mucho control o control alguno donde y cuando dormirse. Las personas que sufren de esta enfermedad se mantienen tomando bebidas cafeínadas o de "energía" para tratar de mantenerse despiertos. Esta condición queda registrada en los records de salud de la persona que lo sufre asi como pasa con la apnea del sueño. Una persona que sufre de esta enfermedad no debe de conducir esa es mi opinión.

1.3 Distracciones

La ciencia y la tecnología han expandido nuestros conocimientos y recursos hasta nuevas fronteras. Pero con esos nuevos recursos llegan nuevos riesgos. Hoy en día los autos cuentan con magníficos sistemas computarizados que hacen de nuestra experiencia automovilística algo fascinante. Los autos has sido dotados con diferentes sensores y equipos técnicos que nos pueden ayudar a evitar problemas con nuestras máquinas y hasta posibles accidentes. Hoy en día muchos vehículos cuentan con sistemas de navegación, bolsas de aire, frenos antigarrapantes (ABS), sensores que le indican si tiene una llanta baja de aire, otros pueden controlar, ajustar y hasta cambiar de radio emisora sin tener que despegar las manos del volante entre otras tantas cosas. El futuro se presenta aún más prometedor. Sólo tenemos que esperar y veremos. Ya hay autos que se estacionan por sí solos de forma paralela y escuché decir que a partir del 2014 todo carro nuevo tiene que tener una cámara en la parte trasera para poder mostrar en el espejo retrovisor o en la pantalla del sistema de navegación la imagen detrás del vehículo.

De todas maneras, una de las causas mayores para un accidente aún descansa en nuestra decisión de que hacer o cuando hacerlo. Los afanes y famoso "rush" en que vivímos nos lleva a extremos altamente peligrosos. Algunos no tenemos tiempo para almorzar de una manera segura en un restaurante o simplemente sentados en cualquier lugar y lo hacemos detrás del volante. Cuando conducimos es preferible que mantengamos ambas manos en el volante.

Si representamos el volante o timón como un reloj, debemos colocar nuestras manos en la posición de las 3 y las 9. Algunos expertos recomiendan las 4 y las 8 (esto lo consideraremos más adelante en otro segmento) de todas maneras, lo más efectivo es tener ambas manos en el volante. Esto sirve para mayor estabilidad y manejo en caso de emergencias tales como si se revienta una llanta o goma. La falta de tiempo para reaccionar puede causar la muerte. Este peligro se hace más evidente entre los jovenes. Muchos toman posiciones "cómodas" para conducir y comprometen su seguridad. Además se ha comprobado que los jovenes están en mayor riesgo cuando conducen acompañados por otros jovenes. **Cuando uno conduce debe dedicarle plena atención a lo que está haciendo.**

No se debe distraer, el conductor cambiando la emisora radial, hablando por teléfono (en algunos estados de los E. U. es ilegal conducir y hablar por los celulares al mismo tiempo) estas distracciones pueden causarle la muerte. Mantener una mayor distancia cuando se conduce detrás de una motocicleta es recomendable.

Preguntas de practica de la unidad 1:

1-En un viaje largo es recomendable tomar descanzo,

    a-cada dos horas

    b-cada tres horas

    c-cada cuatro horas.

2-Los accidentes fatales ocurren con más frecuencia aproximadamente:

    a-50 millas de donde uno reside

    b-30 millas de donde uno reside

    c-25 millas de donde uno reside

3-Es preferible comenzar a conducir:

    a-de madrugada

    b-con la salida del sol

    c-de noche

4-Si el volante representa la cara de un reloj, es mejor colocar las manos:

    a-11 y 1

    b-9 y 3

    c-7 y 5

Respuestas a las preguntas de la unidad 1:

1-En un viaje largo es recomendable tomar descanzo,

    a-cada dos horas.

2-Los accidentes fatales ocurren con más frecuencia aproximadamente:

    c-25 millas de donde uno reside

3-Es preferible comenzar a conducir:

    b-con la salida del sol

4-Si el volante representa la cara de un reloj, es mejor colocar las manos:

    b-9 y 3

Unidad 2. Su vehículo y usted

2.1 Inspeccione su vehículo

Tomamos las llaves, abrimos la puerta, encendemos el auto y lo ponemos en marcha. ¿Se parece esto a lo que usted hace? Para muchos de nosotros la respuestas es...**Sí.**

Un conductor debe crearse el hábito de inspeccionar su carro con frecuencia. Antes de subirse al auto y ponerlo en marcha regálese a usted mismo unos pocos minutos que le pueden hasta salvar la vida. Camine alrededor de su auto (trate de caminar por el frente del auto para entrar a el mismo. De esta forma usted estará caminando dandole el frente a los carros que vienen hacia usted). Inspeccione las llantas (gomas, ruedas o neumáticos) por si hay una evidente falla en las mismas. Uno de los componentes del auto que los conductores más descuidamos son estas. Si las llantas no están correctamente infladas esto puede causar serios problemas incluyendo hasta la muerte. Creemos que los frenos son nuestra única alternativa para llevar el auto a que se detenga, sinembargo; las llantas tienen mucho que ver en esto. Si las gomas tienen menos de la cantidad recomendada de aire en ellas esto aumenta la distancia que el auto necesita para detenerse. El conductor está expuesto a que se reviente una llanta mientras conduce y le rinde menos su gasolina por galón y millas corridas. Hágase de un medidor de aire para llantas. Muchos los puede conseguir hasta por menos de un dollar. La presión se mide en libras o psi o kg. Vienen en distintas formas y tamaños. Lo importante es usarlos.

Inspeccione las llantas de su auto una o dos veces por mes. Siga las recomendaciones de los manufacturadores de su auto escritas en el manual del dueño. Esta información también aparece comúnmente en los lados de las puertas del conductor y como último recurso en la misma llanta. **Nunca sobre pase el nivel de aire recomendado por el manufacturador del carro o de la llanta. Esto puede ser extremadamente peligroso.** La llanta puede explotar mientras es llenada. Si está inseguro de que necesita nuevas llantas, hable con un mecánico. Las gomas "lisas o gastadas" pueden causar accidentes o facilitar que su vehículo **hidroplanee o aquaplanee.**

Este es el fenómeno que sucede cuando las calles están mojadas y han acumulado una cantidad de agua en ellas que sobre pasa la profundidad de la "masa" de la goma al conducir en ellas a una velocidad de más de 35 millas por hora el auto tiende a "subirse sobre el agua" y perder contacto con la carretera (este es el mismo fenomeno que sucede al patinar sobre agua o en inglés lo que se conoce como water skiing.

Si su vehículo comienza a hidroplanear, lo mejor es quitar el pie del pedal del acelerador y no tocar los frenos. Mueva el volante con delicadeza no de forma brusca ya que esto puede causar que pierda el control del auto.

Aproveche para asegurarse de que las luces y reflectores todos trabajan debidamente. Una señal direccional que no trabaja correctamente puede ser la causa de un accidente. Nadie sabe en que dirección usted va. Recuerde que estos artefactos han sido creados con la intención de que usted se comunique a través de ellos. Acostumbrese a señalar cada vez que cambie de línea y salga de un estacionamiento. Tengo por costumbre sugerirle a mis estudiantes hacerse la regla de indicar a que dirección va a ir siempre y cuando no continuen recto o de frente. El conductor **puede y debe usar las señales de mano cuando el área este congestionada. La mano izquierda extendida hacia arriba indica que va a doblar a la derecha. La mano izquierda extendida a lo largo en dirección a la izquierda se interpreta que se va a doblar a la izquierda. La mano extendida hacia abajo representa que se está reduciendo o se va a detenerse por completo.**

Cuando cambia de carril, es recomendable mirar por encima de su hombro en la dirección en la que se dirige para así cubrir el área conocida como punto ciego, zona muerta o zona no. Estas zonas se encuentran en la parte de alante del carro, en los lados y trasera. Un vehículo u objeto puede que no se vea en el espejo lateral mientras está pasando al lado suyo una distancia de 75 pies de su auto

Para inspeccionar las luces de los frenos y las de dar marcha atrás, solicite la ayuda de otra persona o trate de colocar su carro de manera que al presionar los frenos o poner el auto en marcha atrás (reversa, retroceso) las luces se reflejen en algún lado que sea visible a usted. Limpie los reflectores de las luces del frente de su auto con frecuencia. Los expertos recomiendan que lo haga cada vez que heche gasolina. **Los reflectores sucios limitan su visibilidad de manera considerable y se hace más notable al conducir de noche. Conduzca con las luces bajas encendidas todo el tiempo. Es legal y le hace visible a los carros que vienen en vía contraria a casi una milla de distancia en contra de unos 2,300 pies cuando las lleva apagadas.** Si usted decide usarlas sólo en ciertas horas del día, trate de encenderlas media hora antes de la puesta del sol y apagarlas no menos de media hora antes de la salida del sol. En días grises es recomendable llevarlas encendidas en todo tiempo. **Nunca use las luces altas si conduce a través de neblina.** Esto le hará aún más difícil el mirar adelante ya que las luces altas tienden a reflejarse en la neblina.

"Persona precavida vale por dos"

Recuerde que muchas de las famosas emergencias que suceden en las carreteras se pueden evitar con una inspección periódica de su auto. Cuando usted note algo anormal en su auto, llévelo lo más pronto posible a un mecánico. Esto puede evitarle problemas más serios.

Una vez Escuché decir: "¡es mejor perder un minuto de la vida que la vida en un minuto!" Haga tiempo para aprender dónde y para qué son los distintos artefactos que componen su auto.

Límpie los parabrisas de su auto con mucha frecuencia por fuera como por dentro especialmente los conductores que fuman. El humo hace que partículas se acumulen en los mismos limitando la visibilidad del conductor.

Si sus parabrisas están quebrados, reemplacelos lo más pronto posible. Estos pueden estallar en cualquier choque por mínimo que parezca y puede causarle daños a su persona y/o pasajeros.

Hagase el hábito de mirar debajo y alrededor de su auto antes de subirse en el. La mayoría de los robos de autos en los cuales los atracadores están presente o "car jacking" ocurren mientras las personas se preparan abordar el auto. Después de entrar en su auto asegure las cerraduras.

2.2 Dentro del auto.

Para poder entender mejor esta sección, debemos de empezarla haciéndole entender al conductor ciertos detalles que envuelven a un accidente.

La palabra accidente es muchas veces usada incorrectamente. Queremos cubrir nuestros errores o faltas detrás de ella. Un accidente (de acuerdo a mi diccionario) es algo que sucede de manera inesperada o cuando no se tiene idea de que va a suceder o cuando alguien comete errores que nosotros no tenemos el control para evitar.

Dentro de lo que nosotros usualmente denominamos accidente suceden tres accidentes. Tomemos un accidente frontal por ejemplo:

El auto viaja a 40 millas por hora, de repente se estrella contra algún objeto. Este es el primer accidente. El segundo y tercer accidente ocurren dentro del auto. El segundo accidente ocurre cuando el cuerpo del conductor y/o pasajeros se estrella con el tablero (dash board) y/o volante y se regresa hacia la silla. **Note: Que es muy importante que usted ajuste el descanza cabeza de su auto a una altura en la que su cerebro pueda ser detenido cuando viaja hacia atrás. De no ser así la persona puede ser lastimada severamente y/o hasta perder la vida al romperse la nuca.**

El tercer accidente ocurre cuando los organos dentro de los cuerpos del conductor o pasajeros se estrellan dentro del organísmo.
A continuación una lista de los componentes del auto y como sacarle mejor provecho.

A-La silla del conductor:

El conductor debe de tener una postura erecta para poder mirar sobre el bonete (cofre, capó) del carro. Las personas de baja estatura deben de considerar usar un cojín en autos que no son equipados con asientos que se pueden ajustar de manera electrónica. **La mayoría de la información que nuestro cerebro necesita para ayudarnos a conducir es recibida por medio de nuestros ojos.** Es por esto que reclinar el asiento demasiado hacia abajo o para atrás es peligroso.

Además, esto resalta la importancia de hacernos examinar de los ojos o la vista. Un exámen a nuestros ojos nos ayudará a determinar si podemos apreciar bien las cosas que están a distancia. Una buena alternativa para personas de corta estatura es el de comprar extensiones para los pedales de freno y gasolina. Estos son fácil de instalar, duran una eternidad y le proveen unas 3 pulgadas más de distancia entre el conductor y el volante lo cual provee mejor protección en caso de un accidente.

B-Las bolsas de aire:

Los carros que vienen equipados con bolsas de aire proveen al conductor con una gran ventaja en cuanto a sobrevivir un accidente. Estas bolsas de aire son diseñadas de manera que se activen cuando el sensor con que vienen equipadas se active al "sentir" cierta cantidad de presión de un impacto en el auto. Debemos considerar que como un accidente se acaba en una fracción de segundo, la bolsa de aire debe responder con una velocidad extraordinaria. El estar sentado muy cerca de ellas puede causar posibles cortaduras o "quemaduras" en el rostro y los brazos. Es por eso que se recomienda que el conductor se siente lo más lejos posible del volante. La combinación de la bolsa de aire y el cinturón son la mejor alternativa para mantener al conductor con posibilidades de sobrevivir en un accidente.

Se recomienda que no siente nunca los recién nacidos en los asientos del frente. Se ha comprobado que estos son más vulnerables a ser lastimados y hasta morir a consecuencia de que una bolsa de aire se active mientras ellos están sentados al frente y les haga impacto. Colocarlos apropiadamente en el centro del asiento trasero y mirando hacia la ventana trasera y ponerles un cinturón de seguridad es la mejor proteccion para los chiquilos.

Si usted conduce a 30 mph y lleva un niño de 15 libras en sus piernas, que no esté ajustado debidamente, puede causar que el niño sea lanzado hacia el frente con una fuerza de 450 libras en caso de un accidente. **Se recomienda que todo niño menor de 7 años y que pese menos de 60 libras utilice una sillita alterna o car seat.** Una buena alternativa es sentar todo niño menor de 12 años en el asiento trasero.

Recuerde que en Connecticut toda persona debe de usar su cinturón de seguridad en todo momento que el auto está en movimiento. Si su auto viene equipado con dos cinturones (hombro y cadera) es importante que los use ambos. Nunca permita pasajeros los cuales no puedan asegurarse con el cinturón de seguridad. Si su auto trae cinco cinturones, no debe llevar mas de cinco personas en ese auto.

C-Los espejos:

Los espejos son los ojos con que nosotros los seres humanos no nacemos. Aprendí que las moscas tiene 5 ojos y dentro de cada ojo millares de lentes. Nosotros no. Es por eso que estos pequeños artefactos desempeñan una función importantisíma. **Debemos arreglarlos los espejos o acomodarlos antes de conducir.** En mis prácticas con mis estudiantes, usualmente les muevo el espejo retrovisor y así les demuestro que muchos de ellos no lo miran con la constancia recomendada. Analicemos:

a-**El espejo retrovisor es para mirar directamente detrás nuestro.** Mantenga presente que cada vez que usted se mueve o cambia la altura o posición de su cuerpo o silla el ángulo en el cuál se encontraba cambia. El espejo debe ser movido o acomodado una vez más. Por lo normal este espejo no presenta objetos o vehículos en los puntos ciegos o zonas muertas.

b-Los espejos laterales deben ser acomodados de manera que usted vea lo menos posible de su auto al mover la cabeza en dirección a los espejos. **Esto minimísa los puntos ciegos pero no los elimina. Debe de mirar por encima del hombro en la dirección en la que se mueve para asegurarse de que no hay nadie ocupando el lugar donde usted desea moverse.** Muchos de mis estudiantes que han estado conduciendo por mucho tiempo han encontrado esta información sumamente importante. Si usted aprende a usar sus espejos laterales al estacionar, la maniobra será más facíl para lograr.

c-**Recuerde que un buen conductor debe mirar por los espejos varias veces por minutos.**

d-**Puntos ciegos,** zonas muertas o zonas no: Estas son zonas donde el conductor no puede ver si hay personas u objetos alrededor de si mismo. Por lo normal estas zonas estan al frente del auto, en la parte lateral por lo que se solicita del conductor mirar sobre los hombros y en la parte trasera. Dependiendo el auto asi puede tener otros puntos ciegos.

D-La palanca de cambio:

Este artefacto es el que nos permite cambiar o pasar los cambios a el módulo que queremos que nuestro auto responda. Nos consentraremos en un auto automático.

P= para estacionar el carro. Muchos autos pueden encender en Neutral pero usualmente debe de encender en P.

R= para dar marcha atrás o retroceso. Esta es la maniobra más peligrosa que un conductor ejecuta. En Connecticut se requiere que la persona que está dando marcha atrás (retroceso) coloque su cuerpo de la siguiente manera: **para dar marcha atrás derecho o hacia la derecha, el conductor debe de voltear su cuerpo hacia el lado derecho de manera que la mano derecha se coloque detrás del asiento del pasajero y le permita ver por la ventana trasera, (si el conductor hace un poquito más de esfuerzo moviendo ligeramente la cadera izquierda hacia al lado izquierdo y levantando ligeramente el gluteo (nalga) izquierdo podrá ver aún mejor hacia atrás) no se deben de utilizar los espejos laterales solamente aunque en algunos estados esta es la manera que se hace.**

Para dar marcha atrás hacia el lado izquierdo, el conductor debe de virar su cuerpo hacia el lado izquierdo de manera que puede ver por encima del hombro izquierdo y colocando las dos manos sobre el volante, (si el conductor hace un poquito más de esfuerzo moviendo ligeramente la cadera derrecha hacia al lado derecho y levantando ligeramente el gluteo (nalga) derecho podrá ver aún mejor hacia atrás y por el punto ciego)

N= este cambio le quita la fuerza del motor o lo neutraliza. El carro puede estar encendido y no generar movimiento. **¡Este cambio puede salvarle la vida! Si usted va conduciendo y se queda pegado el pedal de la gasolina la mejor alternativa es poner el carro en Neutro** y aplicar los frenos, señalar y salirse de la calle. Ya detenido el carro, apague el mismo. Trate de mover el pedal de la gasolina de alante para atrás para tratar de corregir el problema. De no poder solucionar el problema, llame a un remolcador o gruero para que le preste servicio y remolque el auto. Si su auto le causa problemas mientras usted conduce y por alguna causa u otra se le hace imposible reducir la velocidad, baje el cambio de la D hacia el 1 o L dependiendo del modelo del auto. Esto creará una sensación de dilatación de potencia y es posible que usted experimente un "tirón" hacia adelante pero esto le quitará potencia a su auto, se le hará más facíl para maniobrar y hasta detenerlo. Existe el riesgo de que su máquina o transmición sufra daños pero, si hay que escoger entre su máquina y su vida creemos que la respuesta es evidente.

D= dirección como muchos le llaman. Este cambio es para poner el carro en marcha hacia delante.

2= Segunda. Este cambio sirve en circunstancias en las que usted va subiendo cuestas o halando algo con su carro. No es recomendable halar más de 750 libras con su carro. En este cambio se puede correr a velocidades hasta de 45 millas por hora pero no es recomendable.

1 or L= este cambio permite al carro correr hacia adelante con bastante fuerza. Se recomienda para cuestas y para halar. Vease el comentario anterior.

Los pedales de freno y gasolina o acelerador:

El pedal de freno por lo normal tiene una forma cuadrada y el de acelerador tiene una forma mas vertical. No se deben de presionar subitamente a menos de que sea necesario. El conductor debe de aprender a prepararse para parar de una forma no violenta si no **más** bien de una forma sin apuro. **Se espera que el conductor se detenga antes de toda línea de pare en el momento que ya no la ve.** El indicador de dirección debe usarse cada vez que cambie de dirección. Todo auto viene equipado con un freno extra. Este freno se denomina como freno de emergencia o freno de estacionamiento. Debe de ser aplicado cada vez que el conductor termina de estacionar sin importar si la carretera está inclinada o no. Al parar detrás de otro auto, trate de dejar un espacio de donde pueda ver las llantas del auto que está delante y un poco de espacio adicional. Esto le permite moverse hacia delante si fuera necesario para evitar ser golpeado por detrás.

El acelerador debe presionarse de forma consistente y no brusca. Quitar el pie del acelerador ayuda a disminuir la velocidad siempre y cuando la carretera no se incline hacia abajo.

Preguntas de practica de la unidad 2:

1-Los espejos deben de ser arreglados:

a-en cualquier momento

b-antes de empezar a conducir

c-para estacionarse

2-Si el pedal del acelerador se queda pegado:

a-empuje el pedal de atrás para adelante. De no solucionar el problema coloque la palanca de cambio en N. Pare y llame a un remolcador o gruero.

b-llame al 911

c-acelere

3-La "emergencia", freno de mano o freno de estacionamiento de aplicarse:

a-cada vez que terminamos de estacionar

b-cuando estacionamos en cuestas inclinadas

c-en zonas escolares

4-El espejo retrovisor muestra todo excepto los puntos ciegos sobre nuestros hombros:

a-cierto

b-falso

Respuestas a las preguntas de la unidad 2:

1-Los espejos deben de ser arreglados:

    b-antes de empezar a conducir

2-Si el pedal del acelerador se queda pegado:

    a-empuje el pedal de atrás para adelante. De no solucionar el problema coloque la palanca de cambio en N. Pare y llame a un remolcador o gruero.

3-La "emergencia", freno de mano o freno de estacionamiento de aplicarse:

    a-cada vez que terminamos de estacionar

4-El espejo retrovisor muestra todo excepto los puntos ciegos sobre nuestros hombros:

    a-cierto

Unidad 3. Emergencias

Si usted se encuentra en una situación en la que usted va a chocar de frente contra algo, trate de pegarle de lado en vez de frente. Trate de pegarle a algo no rígido o que absorva la fuerza del impacto si no hay otra alternativa. Al hacer esto usted aumenta dramaticamente las posibilidades de sobrevivir.

Si al estar detenido ante un semáforo usted percibe que le van a pegar a su auto por la parte trasera, apriete fuertemente los frenos. Otros recomiendan además, apretar fuertemente el timón y empujar su cuerpo en contra del sillón como manera preventiva.

Si al conducir usted percibe un accidente delante de usted que requiere que usted reduzca o maniobre alrededor del mismo, le recomendamos que encienda las luces de emergencia o flashers. Si está conduciendo en una carretera de multiples carriles, trate de dejar por lo menos un carril entre usted y el área de accidente o remolque. **Para evitar un choque lo mejor es timonear sin apretar los frenos. En caso de accidente, trate de asistir los accidentados y notifique la policía lo más pronto posible. Si hay personas heridas, no las mueva a menos que la vida de las mismas esté en peligro inmediato. El mover una víctima de un accidente puede causar aún mayores daños y le pueden demandar.**

Es muy importante que se mueva preferiblemente a la derecha y se detenga al escuchar o ver venir algún vehículo de emergencia o conductor de rescate voluntario (conductores con luces azules). Estos deben de ser tratados como los demás vehículos de emergencia.

Si una llanta se revienta, mantenga el carro lo más derecho posible agarrando con ambas manos y con firmeza el volante. No apriete el freno de manera brusca. Señale a su derecha y trate de salirse de la carretera lo más pronto posible.

Estaciones del año:

Cada temporada del año trae consigo distintos peligros para los conductores. Analicemos: **La primavera** trae consigo muchos transeuntes o peatones. Personas que dependen de sus bicicletas (los ciclistas deben de conducir del lado de los autos), niños usando patinetas, patines etc son frecuentes en estas fechas. Los niños usualmente no juzgan distancias y se mueven por sus impulsos.

Recuerde que el peatón tiene siempre el derecho a la vía aun cuando esté no cruzando sobre las lineas destinadas para los peatones. **Mantenga mucha precaución y escudriñe el área con una anticipación de por lo menos 12 a 15 segundos lo que equivale a una cuadra (bloque) o 500 pies cuando conduzca en zonas residenciales.** Como padre o madre de familia enseñe sus hijos a como ser responsables mientras juegan o cruzan en las calles. Siempre que llegue a una intersección de tráfico de doble vía, mire primero a la izquierda, de frente, luego a la derecha y por una vez a la izquierda. Si la visibilidad es comprometida por arbustos o/y objetos lo mejor es detenerse ante la línea blanca o linea de parar. Luego utilizando cautela muevase poco a poco hacia adelante hasta lograr pasar el punto ciego y luego proceda con precaución. Si hay una intersección donde no aparece la línea blanca y sólo una señal de pare, detenga el carro cuando el frente del auto (bumper) esté parejo con el pare (prefiero que se detenga un poo antes del pare). Al llegar a una intersección donde existe una línea de pare, un pare y línea para los peatones cruzar usted debe detenerse ante la línea blanca de pare. Cuando le toque a usted cruzar la calle considere a los demás **conductores. Si usted percibe que la luz se cambió a color verde para ellos y usted puede esperar para cruzar, dé la oportunidad de proceder a los conductores. Usted puede presionar el botón de asistencia para cruzar la calle del aparato auxiliar si hay un artefacto disponible. Cuando este indique que pueda cruzar mire primero a ambos lados antes de proceder. Puede ser que un conductor no se preparara para atravezar la intersección correctamente.**

Tenga presente que se hace más rápido atravesar un calle que unirse al tráfico. Uno necesita al menos dos segundos para atravesar una calle. Si va a girar a la derecha en zonas de 25 millas por hora, trate de lograr tener un espacio de distancia de por lo menos dos postes de luz o de teléfono entre usted y el auto que viene a su izquierda. Osea, que al auto a su izquierda no esté a menos de esa distancia del suyo.cuando la velocidad sea de 35 millas por hora, debe dejar cuatro segundos (un espacio de cuatro postes de luz o teléfono) para girar a la derecha. Siempre que gire a la izquierda añada dos segundos más o dos postes de luz. Es decir, si vira a la izquierda en zona de 25 millas por hora; es recomendable dejar cuatro postes de luz con relación al auto que viene desde la derecha. Si la zona es de 35 millas por hora y va a girar a la izquierda, entonces deje un epacio de 6 segundos o seis postes de luz con relación al auto que se aproxima por su derecha para uste virar.

El verano trae consigo los peligros anteriormente mencionados además del cansancio provocado por el calor. **Todos estamos expuestos a la fatiga.** Esto hay que tenerlo en mente ya que cualquiera de nosotros puede ser víctima de la misma. Si el calor le hace sentir cansado o le irrita al extremo de perder la paciencia, deténgase, tome un descanzo o cambie de conductor.

No conduzca por unos minutos trate de relajarse o descansar. Abrir la ventana o prender el radio alto puede que le mantenga despierto unos minutos pero si su cuerpo está fatigado, creame que corre un gran peligro.

Mas de 600 niños han muerto desde 1998 hasta el 2014 por los efectos del calor extremo al ser dejados en los autos por los padres. Es de vital importancia que se asegure que ha bajado a sus niños del auto al hacerlo usted.

Tenga presente que en días calurosos, la carretera se pone más resbalosa cuando comienza a llover. Los elementos grasosos que componen la carretera generalmente suben a la superficie creando así áreas resbaladisas. Es recomendable que usted disminuya la velocidad por 5 millas por hora si está lloviendo fuerte. Tenga presente que la distancia para detenerse no es la misma ya que las condiciones no son las mejores. Si la lluvia es fuerte y compromete su visibilidad, es preferible que encienda las luces bajas o cortas para hacerse visible a los otros conductores. De echo, se debe conducir con las luces cortas encendidas todo el tiempo. En Connecticut es mandatorio encender las luces bajas cuando se utilizan los limpia para brisas. De todas maneras si no puede ver bien lo preferible es que busque un lugar seguro donde esperar a que las condiciones mejoren. No vale la pena arriesgar su vida. Una buena sugerencia es: averiguar que clase de temperatura se espera durante el día. Si es necesario levántese más temprano y así se dará unos minutos extra para evitar que tenga que conducir de manera rápida. Hay situaciones en las que apesar de que el letrero de la velocidad máxima muestra un número, hay situaciones en las que no es recomendable conducir a esa velocidad.

Los letreros de velocidad están basados en que las condiciones del tiempo sean favorable o ideales. Usted tiene la última palabra.

En Connecticut es ilegal polarizar o cubrir con papel los vidrios o ventanas de los autos si se pasa del límite legal. Esto puede ayudar con el calor, pero le resta visibilidad. Es preferible que use gafas oscuras durante el día nunca de noche. Escoja modelos de espejuelos los cuales no tengan "las patitas" muy anchas pues esto también puede impedir su visibilidad.

El otoño también presenta riesgos. Las hojas que tanto embellecieron el paisaje comienzan a caerse creando así un problema para detener el carro. Preste mucha atención si ha llovido, las hojas mojadas en la carretera hacen las carreteras aún más peligrosas, aumentan al distancia para poder detenerse. Recuerde que en esta temporada aun existe el riezgo de los transeuntes y de otros usuarios de las carreteras.

Tome en consideración el no conducir con las luces altas cuando hay neblina. Esto causa que se refleje la luz y le creará más dificultad para mirar adelante.

El invierno nos trae la famosa nieve y el "black ice" o zonas que se congelan y se hacen difícil de percibir y detenerse. **Recuerde que en tiempo de invierno la carretera se pone más resbalosa cerca del punto de congelación.** Existen también áreas que pueden crear cierto peligro, estas son: los puentes ya que no reciben el calor de la tierra y al estar más elevado se afectan por factores como la brisa. También áreas sombreadas donde el sol no alcanza a llegar con mucha potencia tales como los túneles constituyen un peligro por que tienden a congelarce más rapido. La arena y la sal que se echan en la calle son para ayudar en la tracción de las llantas. Recuerde guardar mayor distancia entre otros carros si la carretera se presenta con nieve o resbaloza. **En condiciones cuando la nieve cube el pavimento se recomienda que usted conduzca aproximadamente a la mitad del límite establecido.** Otra alternativa práctica es tratar de conducir sobre las marcas que han dejado otros vehículos. recuerde que ya no contamos con la luz solar del verano y se hace de noche más temprano. **En esta temporada la carretera tiende a ser más resbaloza cerca del punto de congelación.**

Preguntas de practica de la unidad 3:

1-En día caliente (verano) la carretera se pone más resbalosa:

    a-cuando se nubla el cielo

    b-cuando comienza a llover

    c-cuando para de llover

2- Hydroplanear sucede cuando se conduce a más de:

    a-15 millas por hora

    b-25 millas por hora

    c-35 millas por hora

3-Areas donde el sol no llega se congelan con más facilidad:

    a-cierto

    b-falso

4-En el invierno la carretera se congela más pronto:

    a-cerca del punto de congelación o 32 grados

    b-38 grados

    c-60 grados

Respuestas de las preguntas de la unidad 3:

1-En día caliente (verano) la carretera se pone más resbalosa:

b-cuando comienza a llover

2- Hydroplanear sucede cuando se conduce a más de:

c-35 millas por hora

3-Areas donde el sol no llega se congelan con más facilidad:

a-cierto

4-En el invierno la carretera se congela más pronto:

a-cerca del punto de congelación o 32 grados.

Unidad 4. Marcas en la carretera (Marcas víales) y otras señales

Me entiendes?

La comunicación es de vital importancia en todo y la carretera tiene también un lenguaje especial. Para mantener el flujo de autos de manera consistente y segura, se han desarrollado algunas marcas y letreros en la carretera. Hoy en día se han idéntificado nueve colores como apropiados para hacer el fluir del tráfico algo más simple o entendible:

1-Amarillo=precaución general

2-Amarillo-verdoso=Precaución con relación a peatones, bicicletas o zonas escolares.

3-Anaranjado/chinita=Zonas de construcción

4-Verde=Direcciones y/o movimientos permitidos.

5-Marrón=Zonas recreacionales e interés cultural.

6-Azul=Servicios de guia para los conductores

7-Rojo= Parar o prohibido

8-Negro=Regulación

9-Blanco=Regulación

Podemos clasificarlas en cuatro grupos:

Letreros Regulatorios: Regulan o controlan el flujo del tráfico. Usualmente son blancos y negros por ejemplo los de velocidad máxima 25 mph. etc. Aunque también aparecen rojos y blancos como el pare, ceda el paso y no entre. Los letreros de color rojo por lo normal implican cierta prohibición o restricción.

Letreros con un círculo rojo y una línea diagonal indican que ciertos virajes o movimientos son prohíbidos. Recuerde que los letreros de velocidad máxima, representan la mejor velocidad a conducir bajo condiciones ideales.

Letreros de Precaución: Sirven para prevenir o avisar de posibles peligros o cambios de dirección o condiciones en las carreteras.

Por lo general son en forma de diamante y de color amarillo con marcas negras. La mayoría se deben leer de abajo hacia arriba. Es recomendable bajar la velocidad en áreas de construcción de carretera debido a que la vida de los trabajadores se pone en alto peligro.

Algunos letreros de precaución usan otras formas por ejemplo: los de las vías de ferrocarril. Se pueden encontrar en forma de X y redondos. Estos letreros son los únicos que al ponerlos a trabajar se cambian de precaución a regulatorios. **Recuerde que la mayor razón de accidentes fatales en los cruces de ferrocarril es la falta de atención.**

Otro letrero de precaución muy popular es el de las zonas de no pasar. Estos son en forma de banderín y se colocan en el lado izquierdo de la carretera. Las zonas de no pasar son también representadas por lineas sólidas en el centro de la carretera y son de color amarillas o por líneas blancas sólidas. Las zonas de no pasar existen debido a que la visibilidad es limitada.

Letreros de zona escolar son represntados en su mayoría por pentágonos. Al pasar el pentágono de frente a usted, entra por la zona escolar. Debe reducir la velocidad entre 20 y 23 a menos que exista un letrero que sugiera distinto. Al pasar el letrero en forma de pentágono (este le queda de espaldas a usted) ya salió de la zona escolar y puede volver a la velocidad antes establecida

Letreros de guía: Indícan distintas localidades tales como: áreas de descanzo, hospitales, teléfonos, restaurantes y hoteles. Son de color azul. También existen de color verde con letras blancas. Estos indícan las ciudades y/o pueblos adyacentes y tienden a dar una idea de la distancia que los separa. Por ejemplo: Providence 50 millas. Exiten en color marrón y son designados para dar al conductor la información con relación a zonas de bosques y/o para camper, lugares considerados atracciones como museos, casinos etc.

4. 1 Líneas y marcas en la carretera:

Se han creado líneas, marcas y letreros escritos en el pavimento para ayudar a los conductores. Veamos:

Cruce de peatones: Son líneas entre cortadas usualmente mucho más gruesas que las de la carretera y están en el centro de una líneas sólidas de color blanco. Se colocan en las esquinas por lo normal y se recomienda que los peatones o transeuntes crucen la calle sobre ellas. En ciertos estados es ilegal el cruzar en cualquier otro lugar que no sea sobre ellas y el peatón puede ser multado por esta violación. Recuerde que el peatón siempre tiene el derecho a la vía al cruzar sobre estas líneas.

B) **Líneas reservadas o restringidas:** Son líneas designadas para cierto tipo de tráfico o vehículos. Por ejemplo algunas tienen la palabra "transit o bus" indicando así que la líneas es designada para ser usada exclusivamente por autobuses o guaguas. En otras aparece la palabra (bicycle = bicicleta o el símbolo de una bicicleta). Esto representa que el carril o línea está reservado para uso de bicicletas solamente.

C) **Líneas con las siglas HOV:** (high occupancy vehicles = vehículos con multiples pasajeros). Regularmente señalan la cantidad mínima de pasajeros que deben de viajar en el vehículo. Usualmente un mínimo de dos pasajeros. Estas líneas están representadas por un diamante (rombo) de color blanco ya sea pintado en el pavimento o en los letreros de las autopistas. Por lo normal son colocadas en el extremo izquierdo de las autovías o carreteras abiertas.

D) **Líneas para virar/girar a la izquierda compartida:** También conocidas como línea central compartida, sirven para virar a la izquierda o para dar media vuelta cuando se permite. Esta línea puede ser peligrosa ya que se puede usar por tráfico que viaja en ambos sentidos. Son representadas en el pavimento por una línea amarilla sólida y continua y una línea amarilla y entre cortada dentro de las sólidas. Otras veces estas líneas son representadas por flechas de giro a la izquierda. No se supone que los conductors usen este carril para conducir en el si no para doblar a la izquierda solamente.

E) Líneas reversibles: Estas líneas o carriles son de mucha ayuda en localidades o zonas metropolitanas donde el tráfico es muy pesado y se utilizan con el propósito de aligerar la marcha del mismo durante la hora del "rush" u hora "pico". Se usan a cierta hora del día para viajar en una dirección y a otra hora del día para viajar en sentido contrario. El peligro que representan estas lineas es el de que el conductor debe saber a que hora se debe correr para un lado o el otro. Además, durante las horas de tráfico ligero se pueden usar para revasar otros vehículos siempre y cuando no sea peligroso. Estos carriles usualmente están en el centro de la calle y se representan con líneas dobles, amarillas y entre cortadas. Muchas veces puede encontrar señales en los letreros que le indícan cuando se pueden utilizar. Favor de estudiar detenidamente lo siguiente:

Una X roja: representa que la línea o carril está cerrada para el tráfico que se va en esa dirección. NUNCA conduzca en este carril cuando esta señal aparezca sobre ella. El tráfico de frente viene usando ese carril.

Una flecha verde: Símboliza que se puede conducir en esta línea o carril en dirección de la flecha.

Una X intermitente amarilla: Se puede usar esta línea para virar a la izquierda solamente. No se meta a este carril hasta que esté lo más cerca posible de su viraje.

Una X amarilla sólida: Sugiere que se mueva de esa línea a otra governada por una flecha verde. Esta línea o carril pronto se convertirá en una línea governada por una flecha roja osea, que el tráfico vendrá en contra suya.

F) Líneas para girar a la izquierda o la derecha: En ciertos lugares aparecen letreros regulatorios que indícan que el tráfico puede seguir derecho o puede virar a la izquierda o la derecha, manténgase en el carril que indique donde va o a que dirección va a virar.

G) En carreteras de múltiples carriles que se dirigen en una misma dirección, las líneas son de color blancas y entre cortadas por lo normal. Recuerde que si la línea está blanca solida se recomienda no rebazar. **Se espera que los conductores se mantengan conduciendo en el carril de**

extrema derecha y que usen los carriles de extrema izquierda para rebazar o para girar a la izquierda. Rebazar autos que están circulando en el carril de extrema derecha por el lado derecho es ilegal. Evitelo a menos que sea un representante de la ley que se lo indique. Las líneas blancas sólidas marcan el borde o limite de espacio que tiene el conductor en el lado derecho de la carretera. En ocasiones las líneas blancas sólidas son utilizadas en zonas de construcción de autopistas para ayudar al conductor a mantenerte posicionado en su carril y desanimar cualquier intento de rebazar. Tambien se usan como líneas de pare en carreteras de una vía y no son quebradas.

Las líneas amarillas sólidas por lo normal indican que la calle es dos vías o vías contrarias o doble sentido. Sirven para desanimar cualquier intento de rebazar. Las zonas de no pasar advierten de que no se puede mirar lo suficientemente adelante como para rebazar sin peligro.

H) Luz de tráfico: Una luz verde significa que puede proceder siempre y cuando no obstruya el tráfico. Si considera que su auto no cabe o no puede terminar de pasar antes que la luz cambie a color amarillo, no entre o trate de pasar.

I) Luz amarilla: Quiere decir que el derecho otorgado por la luz verde se termina a continuación Por favor no trate de pasarse la luz sabiendo que puede detenerse antes de la línea blanca de pare. Existe algo conocido como el **punto de no regrezar**. Esto es cuando la persona considera que no puede parar debido a que se pasará de la línea de pare o el auto que viene atrás le puede pegar. En este caso es major continuar pero no parar.

J) Luz amarilla intermitente: Esta luz significa: proceda con precaución. No quiere decir que hay que detenerse a menos que sea necesario.

K) Luz roja: La luz roja significa lo mismo que un Pare o Stop. Hay que detenerse por completo. Se puede girar a la derecha con luz roja siempre y cuando no exista letrero que lo prohiba y se pueda ejecutar sin ponerse en riesgo y después de haber parado por completo.

L) Luz roja intermitente: La luz roja intermitente significa lo mismo que un Pare o Stop. Hay que detenerse por completo. Se puede girar a la derecha con luz roja siempre y cuando no exista letrero que lo prohiba y se pueda ejecutar sin ponerse en riesgo y después de haber parado por completo.

M) Flecha verde: La Flecha verde indica que se puede girar en esa dirección. Si está acompanda por una luz roja, hay que hacer el pare completo y proceder si esta disponible la via. Si la fleche señala hacia la izquierda, significa también que el tráfico que esta al frente esta detenido por una luz roja y el viraje se puede hacer.

N) Flecha amarilla: Precaución. Flecha roja o luz roja viene adelante.

O) Flecha roja: Significa para por completo y no se debe girar en la dirección que apunta la flecha.

Preguntas de practica de la unidad 4:

1-Los letreros de precaución por lo normal:

a-blancos y rojos en forma rectangular

b-amarillos y en forma de diamante

c-diamantes blancos

2-En una intersección donde hay una línea de pare, cruce de peatón y pare, es necesario parar:

1-antes de la línea del pare

2-antes del pare

c-antes del cruce de peatones

3-Un letrero en forma de pentágono representa:

a-zona escolar

b-zona de construccion

c-cruce de peatones

4-Los letreros de velocidad estan basados en condiciones ideales para conducir:

a-cierto

b-falso

Respuestas de las preguntas de la unidad 4:

1-Los letreros de precaución por lo normal son:

b-amarillos y en forma de diamante

2-En una intersección donde hay una línea de pare, cruce de peatón y pare, es necesario parar:

1-antes de la línea del pare

3-Un letrero en forma de pentágono representa:

a-zona escolar

4-Los letreros de velocidad estan basados en condiciones ideales para conducir:

a-cierto

Unidad 5. Intersecciones

Las intersecciones o esquinas son lugares que representan mucho peligro. La posibilidad de que aparezca un peatón siempre está vigente. Cuando le toque a usted hacer el papel de un peatón ayude a los conductores usando prudencia y sentido común. Veamos: al llegar a la esquina verifique si hay un control de paso para el peatón. Estos son representadosen muchas ocasiones por la figura de un hombre caminando e indican que en ese momento es recomendable cruzar la calle. Otras usan la palabra "walk" camine. Si la señal se cambia a una mano y se pone intermitente, esto quiere decir que los peatones que ya están cruzando deben de terminar de hacerlo. No se detenga en medio de una intersección a charlar con alguien. Termine de cruzar y luego platíca. No comience a cruzar la calle mientras la señal está intermitente. Mejor espere por la señal para cruzar. La señal con la mano en forma sólida (no intermitente) indica que este no es el momento para cruzar. Sirvase mirar a ambos lados antes de cruzar una calle. Comparta con sus hijos los conceptos anteriormente mencionados.

Tenga presente que la naturaleza afecta la manera como conducimos. La inercia, la fuerza centrifuga y la gravedad tienen mucho que ver con la forma en que debemos de doblar y actuar cuando subimos o bajamos calles empinadas. **Nunca doble o gire con mucha velocidad.** Su vehículo puede seguir en línea recta aunque usted vire el timón en la dirección en la que quiere ir.

Es preferible reducir la velocidad antes de doblar y después de completar el viraje entonces acelerar.

Para virar/girar hacia la derecha, la manera más práctica y como le enseño a mis estudiantes es identificar donde se encuentra la goma delantera del lado del pasajero. Esperar que esta se ponga paralela con la acera o banqueta y entonces proceder a doblar. Esto le dará un viraje bastante cerrado pero sin comprometerse a tocar o subirse en la acera. Siempre que desee doblar a la derecha asegurece de estar en el lado derecho de la calle. No es recomendable tratar de virar desde el lado opuesto ni a la izquierda ni a la derecha.

Para virar/girar a la izquierda, es mejor conducir derecho hasta el centro de la calle donde van a girar y entonces virar el timón hacia la izquierda si no hay lineas entre cortadas que indiquen distinto.

De esta manera al doblar, no estará en el carril contrario y habrá dejado suficiente espacio para otro vehículo que se encuentre del otro lado. Siempre que quiera virar a la izquierda en una calle de dos vías, es recomendable que se coloque lo más cerca posible de la raya amarilla del centro pero manteniendose a la derecha de la misma.

Si usted se encuentra en una calle de una vía con la intención de virar a la izquierda o la derecha, debe de acercarse a la esquina hacia donde va a doblar. Una de las maneras más facíles para identificar si la calle donde conduce es una calle de una vía; es mirar a la línea de pare. Si esta abarca toda la calle sin interrupción, entonces es una calle de una vía. Las calles de dos vías tienen la líneas de pare hasta el centro por lo normal. Recuerde que los buenos conductores abarcan por lo menos de 12 a 15 segundos con la vista hacia delante y a los lados y pueden de esta manera alcanzar a ver los letreros o las líneas sin tener que parar repentinamente. **Si gira hacia una calle de multiples carriles siempre entre por el carril más cercano.**

Preguntas de practica de la unidad 5

1-En una carretera de multiples carriles uno debe conducir:

    a-en el carril de extrema derecha

    b-en el carril de extrema izquierda

    c-en el carril del centro

2-La inercia es la fuerza de la naturaleza que hace que los objetos se mantengan pegados al suelo:

    a-cierto

    b-falso

3-Para virar o girar a la izquierda es recomendable:

    a-hacerlo desde el punto mas cercano del lado izquierdo

    b-desde el punto mas cercano al lado derecho

    c-desde el centro de la calle.

Respuestas a las preguntas de la unidad 5:

1-En una carretera de multiples carriles uno debe conducir:

a-en el carril de extrema derecha

2-La inercia es la fuerza de la naturaleza que hace que los objetos se mantengan pegados al suelo:

b-falso

3-Para virar o girar a la izquierda es recomendable:

a-hacerlo desde el punto mas cercano del lado izquierdo.

Unidad 6. El "arte de conducir" Visión y Oído

"Como el lobo de la caperucita roja, para verte mejor y para escucharte mejor"

Visión: La buena visión es un requisito para conducir con seguridad. Usted conduce basándose en lo que ve. Si no puede ver claramente, tendrá problemas para identificar el tráfico y las condiciones de la carretera, ver posibles problemas o reaccionar a tiempo. Recomiendo a las personas de baja estatura, comprarse un cojín para sentarse sobre el y así poder mirar mejor sobre el bonete, capó o cofre, si el auto no viene equipado con el ajustador electrónico. **Es buena idea hacerse un examen de la vista por lo menos cada dos años. La visión puede cambiar sin darnos cuenta.**

Visión nocturna: Esta es una de las más grandes preocupaciones para nosotros padres de jovenes. Entendemos que conducir de noche no es igual que conducir durante el día. Pero, a nuestros hijos les atrae más el conducir de noche porque son las horas para reunirse con sus amistades. Muchos de ellos debido a su inexperiencia o juventud nos consideran anticuados cuando les advertimos sobre estos peligros. Note que la mayoría de personas de edad avanzada, conducen y hacen sus vueltas durante el día y no de noche. Muchas personas que pueden ver claramente durante el día tienen problemas para ver de noche sin importar la edad. Es más difícil para todos ver de noche que de día.

Algunos conductores tienen problemas con los reflejos cuando conducen por la noche, especialmente con el reflejo de faroles o focos delanteros del tráfico que se les acerca.

Si necesita usar espejuelos o lentes de contacto para conducir, recuerde:

a) Llevarlos puestos siempre cuando conduce, incluso aunque solamente vaya a hacer un trayecto a la vuelta de la esquina.

b) Evite usar espejuelos oscuros por la noche, incluso aunque crea que le ayudarán a reducir los reflejos. El problema es que reducen la luz que necesita para ver claramente. Trate de comprar espejuelos con las "patitas" finas ya que las gruesas pueden crear puntos ciegos.

Si el conductor que viene en vía contraría trae las luces altas encendidas, mire al borde de la derecha donde está su línea blanca sólida. Otra alternativa es hacerle un cambio de luz.

Oído: El oído puede ser útil para conducir con seguridad. El sonido de las bocinas, una sirena o llantas pueden advertirle de peligro. No recomiendo que conduzca con el radio extremadamente alto. Mucha gente esta tan orgullosa de la música que escucha que la comparten con todos alrededor sin ser solicitado. Esto le hará difícil el poder escuchar cualquier señal de un vehículo de emergencia u otro conductor.

Preguntas de practica de la unidad 6:

1-La mayoría de la información que nuestro cerebro necesita para conducir:

    a-se basa en lo que sabemos

    b-se basa en lo que podemos ver

    c-se basa solamente en los letreos de la calle

2-Si un conductor se aproxima en via contaria con las luces altas:

    a-hagale saber con sus manos

    b-hagale un cambio de luz

    c-use la bocina,el pito o el claxon

Respuestas a las preguntas de la unidad 6:

1-La mayoría de la información que nuestro cerebro necesita para conducir:

b-se basa en lo que podemos ver

2-Si un conductor se aproxima en via contaria con las luces altas:

b-hagale un cambio de luz

Unidad 7. El alcohol y el conducir

"Una copa de vino al día no hace daño"

El alcohol es unos de los elementos que está más relacionado con accidentes fatales. **¡De hecho se considera que aproximadamente un 40 por cierto de los accidentes fatales estan relacionados con alcohol! La combinación de conducir bajo los efectos de alcohol y escribir textos han escalado las posibilidades de accidente hasta un 68 por ciento! El alcohol es una droga psicodepresora de caracter sedante-hipnótico que afecta el cerebro y la vista. Un trago de alcohol es suficiente para afectar la habilidad de conducir del conductor sobre todo si es combinado con medicinas (analgésicos).** Desde el momento que el alcohol llega al cerebro afecta la capacidad de la persona para tomar desiciones. **Es por eso que el juicio o discernimiento es la primera habilidad para conducir que se pierde al tomar.**

Nuestro cuerpo deshace el alcohol a través del hígado y el alcohol se expulsa a través del sudor (por los poros de la piel) y la orina por lo normal. Existe el tiempo de oxidación (cuando el hígado procesa el alcohol) y el tiempo de eliminación (cuando el alcohol es expulsado). De todas maneras, **dejar pasar tiempo** puede ayudar a deshacerse del alcohol en el organismo. Por cada trago que la persona tome, debe de esperar por lo menos una hora para volver a conducir. Las mujeres pueden tomar aún más tiempo que los hombres para deshacerse del alcohol ya que producen una enzima en particular en menor cantidad .

Existen formas de minimizar el efecto del alcohol en el organismo:

1- Entérece de cuanto alcohol compone la bebida que toma y tome lentamente.

2- Es recomendable el no tomar si no ha comido. Esto no quiere decir que si la persona come mientras toma alcohol no se embriagará. Quiere decir, que se dilatará más tiempo en sentir los efectos del alcohol, pero de todas maneras se embriagará.

3- Tome en consideración su peso. Si usted es una persona que no pesa mucho, se embriagará con más rápidez comparado con una persona pesada.

4- No se engañe, **¡El trago de whiskey aún siendo más pequeño que una lata de cerveza de 12 onzas, tiene la misma cantidad de alcohol!** La diferencia es que la cerveza se toma más lento que el whiskey y por eso tiende la persona a dilatar más tiempo en sentir sus efectos.

5- No mezcle bebidas. Esto puede tener un efecto mayor a si tomara dos bebidas de la misma clase.

6- Reconozca algunos de las señales: Si comienza a hablar más alto de lo normal, se siente caliente, muy relajado, mareado, con dificultad para caminar por si solo o conversar; es tiempo de no tomar más.

7- Mezcle su bebida con soda, jugo y/o hielo.

8- Si va a salir con sus amigos y va a tomar, escoja un conductor designado.

9- No se envuelva en juegos en que el que pierde tiene que volver a tomar alcohol.

Si usted es el anfitrión de una fiesta y va a ofrecer bebidas alcohólicas, trate de tener un límite para sus invitados. Sirva las bebidas en envases apropiados para tener mejor idea de cuánto ha tomado cada persona. Ofrezca bebidas no alcohólicas como otra alternativa. Recuerde que usted asume aún más responsabilidad ya que usted ofrece la fiesta. Si alguien toma de más, llame un taxi o arregle para que se quede en su casa. No le permita conducir bajo tal estado.

Si un agente del orden público detiene a una persona mayor de 21 años bajo la sospecha de que está conduciendo bajo los efectos del alcohol y esta se niega, la licencia será suspendida por 6 meses y si toma el examen y no pasa la prueba de la alcolemia la licencia será suspendida por 90 días para una primera ofensa. El límite de contenido de alcohol en la sangre legal en el estado de Connecticut (conocido por el "BAC") es actualmente .08%. La ley le obliga a someterse a una prueba de sangre, aliento, u orina de su BAC. Esto es lo que le llaman Implied Consent Law. El comisionado de motores y vehículos puede imponer penalidades además de las ya mencionadas. Me tocó la oportunidad de servir a un joven el cual tenia en su carro el artefacto que la ley ordena para medir el nivel de alcohol en la sangre cada diez o quince minutos. Recuerdo que el aparato emitia un sonido y el tenía que detenerse y soplar en la "boquilla" del aparato. De no hacerlo la multa se agravaría. Estas multas cuestan mucho al conductor. Muchas personas son enviadas o retomar clases para poder restaurar el privilegio de tener licencia. **Recuerde que el tener una licencia de conducir es un privilegio y no un derecho.**

La mejor manera de evitar el conducir bajo la influencia de alcohol es... No tomar y conducir (abstinencia). No tome nunca alcohol cuando esté tomando otros medicamentos.

Recuerde que es ilegal para todo menor de 21 años de edad el poseer, comprar y consumir alcohol en todos los Estados Unidos. Para los menores de 18 años las penalidades son más severas. **La ley les suspende por 18 meses en su primera ofenza.**

Unidad 7 Preguntas de practica

1-Las habilidades para conducir correctamente pueden afectarse con:

a-una bebida

b-después de leer

c-después de caminar

2-La primera habilidad que afecta el alcohol para el conductor es:

a-la visión

b-el balance

c-el discernimiento o el juicio

3-La misma cantidad de concentración de alcohol que hay en un trago de vodka es la misma que hay en:

a-una lata de cerveza de 12 onzas

b-dos latas de cerveza de 12 onzas

c-tres latas de cerveza de 12 onzas

4-El porcentaje de personas que mueren en accidentes de auto relacionados con alcohol es de:

a-30 por ciento

b-40 por ciento

c-50 por ciento

5-Un conductor mayor de 21 años en el estado de CT que se rehusa al examen de alcolemia tendra su licencia suspendida por:

a-3 meses

b-6 meses

c-12 meses

6-Para recuperarse y que baje el nivel del alcohol (BAC) después de tomar:

a-hay que tomar analgésicos

b-es mejor dejar pasar el tiempo

c-es mejor tomar café caliente

Respuestas para las preguntas de practica de la unidad 7:

1-Las habilidades para conducir correctamente pueden afectarse con:

a-una bebida

2-La primera habilidad que afecta el alcohol para el conductor es:

a-la visión

3-La misma cantidad de concentracion de alcohol que hay en un trago de vodka es la misma que hay en:

a-una lata de cerveza de 12 onzas

4-El porcentaje de personas que mueren en accidentes de auto relacionados con alcohol es de:

b-40 por ciento

5-Un conductor mayor de 21 años en el estado de CT que se rehusa al examen de alcolemia tendra su licencia suspendida por:

b-6 meses

6-Para recuperarse y que baje el nivel del alcohol (BAC) después de tomar:

b-es mejor dejar pasar el tiempo

Unidad 8. Guaguas (buses) escolares

Es de vital importancia que conduzca con mucha precaución alrededor de los buses escolares. Reconozco que hay muchos conductores de buses escolares que pecan por falta de sentido común. Ponen las luces amarillas y de inmediato las rojas sin tomar en consideracion la proximidad de los otros carros. Los conductores tienen que detenerse siempre que las luces rojas y la señal de parada aparezca en el bus. El conductor del bus puede estar recogiendo sus pasajeros o simplemente dejandoles bajar del bus. Lo más recomendable es, detenerse a unos 10 pies del bus y no dar marcha hasta que las luces dejen de estar encendidas y la señal de pare sea quitada. **Existen tres maneras en las que el conductor no tiene que parar si el bus escolar tiene sus luces encendidas y la señal de parada activada.**

Estas son:

1- **Si usted va conduciendo en el lado contrario de una carretera dividida (entiendase una división física que se dificulte el paso inmediato de los niños al otro lado de la carretera)**

2- Si usted conduce delante del bus (osea en el mismo carril y adelante del bus).

3- Si un oficial del orden público se lo ordena. Las direcciones dadas por oficiales del orden público deben ser obedecidas en todo momento.

Considere bajr la velocidad cuando conduzca en zonas escolares. Aunque estén de vacaciones.

Unidad 9. Procesiones fúnebres

Ningún conductor deberá conducir entre (entre cruzar) los autos que son parte o están participando de una procesión fúnebre. Si usted participa de una, los directores de la funeraria le pueden pedir que conduzca con las luces bajas encendidas, y las luces de emergencia y hasta le coloquen un letrero que diga funeral en el cristal del frente y de atrás de carro o una banderita que diga funeral en la antena de su radio. El líder o director de la procesión, debe de detenerse ante toda señal de parada o semáforo con luz roja. Los conductores que participan de la procesión no tienen que parar en ellas luego que la carroza fúnebre emprende la marcha.

Unidad 10. El derecho a la vía

Este es uno de los asuntos más delicados a tratar debido a que el juicio del conductor y su conocimiento de la ley son puestos a prueba. Los conductores prudentes, siempre están dispuestos a ceder el derecho a la vía a otros conductores para evitar accidentes. **La ley indica quien tiene el derecho a la via aun cuando no hay letreros evidentes.**

He aquí algunas sugerencias:

1 Recuerde que usted no cedió el derecho a la vía a otro conductor

   si le hace reducir la velocidad, moverse alrededor de su auto o detenerse.

2- **En una intersección de más de dos señales de pare, el conductor que llega primero tiene el derecho a seguir primero. Si la intersección no tiene señales de pare, entonces el conductor que está a su derecha tiene el derecho a la vía.**

3- Los conductores que conducen en una rotonda, circunvalación, glorieta o rotonda

   no tienen que ceder el derecho a la vía a los que se unen o entran en la misma.

4-Todo conductor que va a virar en una calle de dos vias hacia la izquierda debe estar en el carril que le corresponde y debe ceder el derecho a la vía a todo aquel que va derecho o va a doblar a la derecha en frente de ellos.

5-Los peatones tienen el derecho a la vía cuando están en la calle, especialmente si cruzan en las zonas designadas para ello.

6-Tiene el derecho a la via el conductor que esta en la autovía sobre el que entra.

7-Tiene el derecho a la via los conductores que no tienen letrero de ceda el paso con relación a aquellos que lo tienen.

8-**La luz amarilla intermitente que significa proceda con precaución sobre la luz roja intermitente que significa parar por completo.**

Preguntas y espuestas de las unidadades 8, 9 y 10:

1-Un autobús escolar se encuentra con las luces rojas encendidas en una carretera dividida y usted se encuentra del otro lado de la calle:

b-conduce con precaución y esta listo a parar si fuera necesario

2-La carroza fúnebre que dirije la procesión hasta el cementerio está obligada a parar ante toda luz roja y letrero de alto

a-cierto

3-En una intersección sin control de tráfico la ley no indica quien tiene la preferencia o el derecho a la vía.

b-falso

Unidad 11. Conduciendo en la autopista (carretera abierta/autovía)

Al mezclarse a la autopista el conductor debe de generar aproximadamente la misma velocidad con la que conducen aquellos que ya están en la autopista. Es ideal tener un espacio de cuatro segundos entre el carro que entra en la autovía con relación al auto que está en el carril de extrama derecha. Debe de tener precaución y cautela para unirse a los otros conductores. No debe de perder velocidad mientras intenta mezclarse al tráfico ya que pone en peligro su vida y la de otros conductores. Si usted está conduciendo en el carril de extrema derecha al momento que otro carro intenta entrar en la autovía, es recomendable que usted se mueva al carril de su izquierda para minimizar las oportunidades de un choque con el auto que entra.

La manera en que enseño a mis estudiantes a mezclarse en la autopista es la siguiente:

1- Desarrolle suficiente velocidad en la carretera de acceso límitado (rampa de entrada).

2- Identifique la línea amarilla y sólida que está a mano izquierda. Al cambiar de amarilla a blanca, ponga la señal de la izquierda. Esto le hace visible con suficiente anticipación a los carros que ya están en la autopista.

3- Identifique donde comienza a quebrarse la línea sólida y blanca que está a su izquierda. Entre en ese carril sólo cuando la línea esté quebrada y no sólida.

4- Mire por su espejo retrovisor, lateral y por arriba de su hombro antes de proceder a mezclarse.

5- Mantenga sus manos en el volante y no lo mueva hasa que esté seguro que puede entrar.

Si alguien intenta pasarle en la autopista u otra calle, ayude al otro conductor reduciendo ligeramente su velocidad para acortar la distancia que tiene para regresar al carril.

Si usted le pasa a otro conductor, asegurese de haber considerado tener suficiente espacio para no acelerar de manera exagerada y para regresar a su carril debe de asegurarse que la parte del frente (los focos delanteros) aparecen en su espejo retrovisor. La mejor forma para calcular si existe el espacio suficiente para pasar otro carro cuando un vehículo viene en via contraria es, si el auto que se aproxima en vía contraria parece estar inmóvil.

Considere que para pasar a un camión (trailer) que conduce a 50 mph, necesita un espacio de 19 a 24 segundos. No lo intente si no cuenta con el espacio y tiempo para lograrlo sin peligro. Trate de no reducir la velocidad de forma súbita al conducir delante de los camiones o trailers.

Preguntas de practica de la unidad 11:

1-Para entrar a la autopista (autovía/carretera abierta) es deseable tener un espacio de:

    a-dos segundos

    b-tres segundos

    c-cuatro segundos

2-El conductor que ya conduce en la carretera abierta no tiene el derecho a la vía:

    a-cierto

    b-falso

3-Si usted conduce en el carril de extrema derecha en la autovía y hay un auto que va a entrar en la carretera abierta se espera que:

    a-usted ceda el derecho a la vía al auto que entra en la autovía

    b-se mueva al carril de la izquierda si está disponible

    c-acelera

Respuestas a las preguntas de practica de la unidad 11

1-Para entrar a la autopista (autovía/carretera abierta) es deseable tener un espacio de:

c-cuatro segundos

2-El conductor que ya conduce en la carretera abierta no tiene el derecho a la vía:

b-falso

3-Si usted conduce en el carril de extrema derecha en la autovia y hay un auto que va a entrar en la carretera abierta se espera que:

b-se mueva al carril de la izquierda si está disponible.

Unidad 12. Estacionandose

Una de las razones por las cuales las personas me emplean con más frecuencia es para enseñarles a estacionarse. Ironicamente algunos se estacionan mejor en retroceso que de frente. Estacionarse en retroceso es requerido en el examen de conducir en CT. Fue una de las causas por la que me ví en necesidad de reprobar algunos candidatos cuando les daba la prueba de conducir mientras trabajé en el Departamento de Motores y Vehiculos del estado de Connecticut. Vamos a considerar dos formas distintas para estacionarnos en retroceso conforme lo pide en Connecticut aunque compartiremos la forma de cómo estacionar de frente y de forma paralela para aquellos amigos que compren este manual y que vivan en otro estado de la nación americana.

Por lo normal la persona que da el examen de conducir tiene la libertad de pedir al candidato a estacionar de al lado derecho o izquierdo. Dependiendo del agente que le toque, algunos le hacen al candidato estacionar de frente también. En la mente del agente examinador todos los espacios o estacionamientos estan ocupados por otros carros. Por lo tanto, no debe de conducir sobre las lineas de los espacios adyacentes al que le pidieron.

A-Estacionando de retroceso y al lado izquierdo y no en los últimos dos:

1-Preste mucha atención donde es que el agente le índica que debe estacionar. Algunos de ellos son muy particulares en cuanto a las direcciones que ellos dan.

2-Manténgase al lado derecho del estacionamiento.

3-Al identificar donde se va a estacionar, enumere ese estacionamiento como el número uno. Adelante un espacio y medio más adelante. De esta forma usted debe de estar dos espacios y medio con relación al estacionamiento donde se va a estacionar.

4-Coloque la palancade cambio en R.

5-Deslice su gluteo hacia la derecha un poco para poder mirar mejor en el punto ciego.

6-Gire todo el volante hacia la izquierda. (Siempre gire el volante hacia la dirección donde desea que su carro se dirija).

7-Comience a retroceder despacio y de vez en cuando mire alrededor suyo.

8-Eventualmente el auto se colocará "derecho" con relación a su estacionamiento. Utilíce los espejos laterales para poder ver la línea.

9-Enderece el volante girandolo de forma que se vea derecho el signo o emblema del auto, o las letras de la bolsa de aire del mismo dos veces. Esto hace que las llantas estén derechas y al retroceder para terminar de estacionar pase menos trabajo.

10-Gire su cuerpo al lado derecho. Abrace la silla del pasajero y mueva su cuerpo al lado derecho. Deslice el gluteo o nalga hacia el lado izquierdo, de esta forma podrá ver mejor sobre su hombro derecho.

11-Pare cuando su cuerpo esté como en el centro de las líneas de los espacios de al lado. Otra forma de saber cuando detenerse para no pasar al espacio trasero o pegar en el borde de la acera es, tratando de ver la cerradura de la puerta del pasajero de al frente alineada con la línea de atrás del estacionamiento o pareja con la acera que está detrás.

12- Al terminar de estacionar recuerde poner o activar el freno de mano o de estacionamiento. Algunos los llevan en medio de los asientos frontales, otros con un pedal que queda al extremo izquierdo del pedal de freno. Otros carros usan un botón que necesita ser apretado para asegurar el auto.

B-Estacionando de retroceso y al lado derecho y no en el primero:

1-Preste mucha atención donde es que el agente le índica que debe estacionar. Algunos de ellos son muy particulares en cuanto a las direcciones que ellos dan.

2-Mantengase al lado derecho del estacionamiento. Trate de que las puntas de las líneas de los estacionamientos a su lado derecho se vean en el espejo latereal derecho.

3- Coloque su cuerpo en el centro del estacionamiento escogido.

4-Identifíque la línea que se ve más corta y más cerca de usted en el espejo de la derecha lateral. Esa es la ultima línea del espacio anterior al suyo. Le vamos a llamar línea número uno.

5-Gire el volante a la izquierda completamente. Escudriñe al frente y al lado izquierdo para asegurarse de que nadie viene en esa dirección. Deje que el carro me mueva hacia la izquierda. Cuente las líneas que aparecen en su espejo lateral derecho desde la más corta. En breve aparesera la primera línea de su estacionamiento. Le llamaremos a esta línea numero dos. Continue el movimiento y en breve apareserá la puntita de la línea numero tres (la última de su estacionamiento).

6-Pare el auto y gire todo el volante a la derecha. Ponga la palanca de cambio en retroceso.

7-Gire su cuerpo al lado derecho. Abrace la silla del pasajero y mueva su cuerpo al lado derecho. Deslice el gluteo o nalga hacia el lado izquierdo, de esta forma podrá ver mejor sobre su hombro derecho.

8-Comience a retroceder despacio y de vez en cuando mire alrededor suyo.

9-Eventualmente el auto se colocará "derecho" con relación a su estacionamiento. Utilice el espejo lateral derecho para poder ver la línea.

10-Enderece el volante girandolo de forma que se vea derecho el signo o emblema del mismo dos veces. Esto hace que las llantas esten derechas y al retroceder para terminar de estacionar pase menos trabajo.

11-Pare cuando su cuerpo este como en el centro de los espacios de al lado. Otra forma de saber cuando detenerse para no pasar al espacio trasero o pegar en el borde de la acera es, tratando de ver la cerradura de la puerta del pasajero de al frente alineada con la línea de atras del estacionamiento o pareja con la acera que esta detrás.

12-Al terminar de estacionar recuerde poner o activar el freno de mano o de estacionamiento. Algunos los llevan en medio de los asientos frontales y otros con un pedal que queda al extremo izquierdo del pedal de freno.

Observación

Para estacionar en cualquiera de los estacionamientos que no sea el primero de la derecha, puede utilizar el sistema descrito para el lado izquierdo.

C-Estacionando de frente.

1-Seleccione donde se va a estacionar.

2-Cuando su cuerpo esté en el centro del espacio anterior al suyo, gire el volante en la dirección donce quiere ir. Debe de combinar la velocidad del auto con la velocidad como gira el volante. De girar el volante muy rapido su auto terminará arriba de la primera línea del estacionamiento. De usar mucha velocidad, pasará lo mismo.

3- Al terminar de estacionar recuerde poner o activar el freno de mano o de estacionamiento. Algunos los llevan en medio de los asientos frontales y otros con un pedal que queda al extremo izquierdo del pedal de freno u otro botón.

D-Estacionando de forma paralela:

1-Identifique el espacio donde se va a estacionar. Asegurese que su auto cabe en ese espacio. Trate de tener un espacio de dos a tres pies de distancia entre su carro y el que esta usando de referencia.

2-Conduzca y trate de poner de forma paralela (pareja) la colita del carro suyo con el del lado derecho.

3- Pare el auto y gire todo el volante a la derecha. Ponga la palanca de cambio en retroceso.

4-De marcha atrás despacio. Cuando su cuerpo se pone parejo con la colita o bumper del auto que está usando de referencia detenga el auto.

5- Enderéce el volante girando de forma que se vea derecho el signo o emblema del mismo dos veces. Esto hace que las llantas esten derechas y al retroceder para terminar de estacionar pase menos trabajo.

6-Retrocéda mirando al espejo lateral derecho. Este le indicará cúan cerca está del borde de la acera.

7-Gire despacio el volante hacia la izquierda para ponerlo paralelo a la acera conforme se esté acercando.

8-Al terminar de estacionar recuerde poner o activar el freno de mano o de estacionamiento. Algunos los llevan en medio de los asientos frontales y otros con un pedal que queda al extremo izquierdo del pedal de freno.

Viraje de dos puntos: Estos virajes ya no se piden en el examen en el estado de Connecticut. Requieren entrar de retroceso en una entrada de autos en propiedad privada. De tener que ejecutar esta maniobra se recomienda:

1-Pase por completo la entrada de auto y retroceda hasta que las llantas de al frente de su auto entren en contacto con la entrada de auto.

2-Pare y gire el volante en la dirección donde necesita ir. Siempre recuerde señalar cuando cambie de dirección.

Virajes de tres puntos: Aun se les pide a algunos aplicantes a la licencia demostrar que saben como ejecutar esta maniobra. Es discresión del agente administrando el examen el solicitarlo o no.

1-Señale a la derecha y acérquese lo más que pueda al borde de la acera. **Recuerde que en el estado de CT se espera que se estacione con menos de 12 pulgadas del borde de la acera o banqueta.**

2-Pare el auto por completo.

3-Señale a la izquierda.

4-Escudríñe al frente y al lado izquierdo. Recuerde mirar sobre el hombro izquierdo para cubrir el punto ciego.

5-Muévase hacia la izquierda y acérquese lo más que pueda a la acera que está al frente suyo.

6-Deténgase cuando vea que está próximo a la acera del frente. Puede mirar debado del espejo retrovisor de la izquierda para tener mejor ídea de la distancia que tiene.

7-Pare el auto y gire todo el volante a la derecha. Ponga la palanca de cambio en retroceso. **Señale a la derecha.**

8-De marcha atrás despacio. Cuando su auto esté en un ángulo de unos 45 grados deténgase.

9-Ponga la palanca en D y gire el volante a la izquierda suavemente hasta colocar el auto en la dirección que desea que éste se dirija.

Unidad 13. Programa para los adolecentes

No cabe duda que los conductores adolecentes presentan un reto. Admito que por lo normal aprenden con más facilidad que los adultos pero su falta de madurez y en muchos casos la experiencia limitada de ellos son causas para sus accidentes. En ocasiones el sentirse sobre confiados en sus habilidades puede tambien convertirse en una causa para que fallen. Las distracciones de los teléfonos, amigos/pasajeros y radio siguen siendo un problema que parece que no tiene fin con ellos. Está comprobado que mayor el número de pasajeros en el auto aumentan las posibilidades para ellos tener un choque se aumentan.

Los Estados Unidos han copiado y adaptado la ídea del pograma de licencia gradual. Este sístema ofrece al adolecente la oportunidad de conducir en distintas etapas. Bajo la supervisión de un conductor más experimentado y en distintos ambientes o circunstancias. Es recomendable que el lector se eduque con relación a cuales son las reglas en su estado de residencia. Algunas de las regulaciones que éste programa ofrece tiene que ver con las horas en que los jovenes están permitidos conducir en la calle, con quíen y hasta dónde pueden ir. Esto permite al adolecente tener movilidad bajo la supervisión de otro conductor. Después de que el conductor adolecente pasa el examen de conducir tiene por lo normal nuevas reglas o algunas modificaciones a las ya establecidas. Por lo normal son por un período de seis meses. Luego por otros seis meses, el conductor adolecente tiene más libertad y eventualmente después del primer año con licencia tendrá una licencia sin restricciones. Es importante recordarles que mover el auto de un punto A a un punto B con confianza no los hace buenos conductores. Deben ser expuestos a diferentes condiciones de clima y tráfico, de día y de noche para que puedan desarrollarse mejor. Es recomendable dar direcciones adelantadas y claras al aprendíz. Tener paciencia con ellos y recordar que alguna vez ellos también necesitaron de alguien con paciencia para enseñarles a ellos mismos. Explique le objetivo de la clase a su estudiante antes de empezar la lección y de espacio para preguntas. Recomiendo a los padres que verifiquen si la compañía de seguro que tienen para su auto aun honra el descuento que antes se ofrecía a los adolecentes que tomaban un curso completo de manejar por medio de una escuela de conducir.

Cada vez más son menos las compañías que dan descuentos. Muchas son las escuelas que acostumbran tener multiple estudiantes a la hora de instrucción.

Nunca he considerado eso una buena ídea para el estudiante aunque no niego que es profitable para las auto escuelas. Sería mejor para cada estudiante que tomase sus clases individualmente y sin pasajeros con los que tienen que compartir el tiempo de la lección.

Unidad 14: Leyes Administrativas

Cada estado de la nación americana cuenta con regulaciones de cómo conducir en dicho estado. Esto se llama Leyes Administrativas. Son leyes que son ajustadas conforme la necesidad de cada estado, condado o municipalidad. Por ejemplo; White Plains, NY pertenece al condado de Westchester. En este condado se permite doblar a la derecha con la luz roja siempre y cuando no exista un letrero que lo prohiba. Sin embargo, en el condado del Bronx no se permite. Es responsabilidad del conductor de conocer las regulaciones de los lugares donde condusca.

Con relación a la aseguranza del auto, es prudente considerar el adquirir una cantidad razonable de seguro. Existen algunos estados que tienen un límite muy bajo de aseguranza en caso de accidente donde usted pueda ser culpable. Por ejemplo, si tomamos en consideración el hecho de que muchas personas compran carros caros o la posibilidad de pegarle a una verja o pared en propiedad privada y que el monto de la aseguranza del conductor no cubra el total de los gastos; esto deja al conductor culpable de pagar de su bolsillo la diferencia de los gastos. Por lo tanto hable con su agente y pregunte cuanto mas costaría poner mas seguro en su poliza. Por lo normal son centavos por dia de diferencia.Tambien es necesario recordar que las companias de seguro tienen lo que se denomina "deducible". El decductible es la cantidad de dinero que el asegurado se hace responsable de pagar en caso de un accidente. Esta cantidad puede variar conforme el asegurado considere apropiado. Mientras más alta la responsabilidad del asegurado, más bajo es el precio total de la póliza.

Es normal que el asegurado trate de conseguir otra compañía que le venda el seguro del auto más barato. No hay en mi opinión nada malo con ahorrar. De todas formas, no permita que su auto se quede sin aseguranza. Conducir sin seguo puede traer malas consecuencias. El conductor puede ser detenido y ser enviado a corte. Todo esto causa perdida de tiempo y de dinero. Es mi recomendación de que si usted estara cambiando de compañía aseguradora, que locite a la compañía nueva que le active la poliza nueva uno o dos días antes de que la vigente termine. De esta forma en caso de error humano el asegurado tiene menos oportunidades de quedarse sin seguro. Es bueno tener copia a la registacion del carro y al título de propiedad del auto. Por lo normal puede que le ahorre tiempo en caso de perderlos. Si usted ha comprado un carro por medio de financiamiento, debe por lo normal pagar la deuda primero antes de poder negociar el auto con otro comprador. **Recuerde que la registración necesita ser renovada cada cierto tiempo.** Si usted vive en estados donde se pagan impuestos anuales de propiedad de auto, **no se le permitirá registrar otro vehiculo si usted debe impuestos.**

Algunos estados puede que requieran una inspección anual o cada cierto tiempo. Es recomendable averiguar estos detalles para evitar gastos innecesarios.

Unidad 15: Economizando mientras maneja

Hoy en dia tenemos varias alternativas en cuanto al auto que queremos comprar. Desde autos de uso de gasolina y/o diesel hasta carros eléctricos. Hay muchas personas que están empujando el concepto de mantener el planeta en mejor condición y usan esta idea para promover los carros eléctricos e hibridos además de la gran diferencia que muestran los hibridos y eléctricos con relación a las millas por galon de gasolina entre los autos convencionales. Existen muchos consumidores que han visto buen resultado con estos vehículos modernos. Algunos no están tan satisfechos por que la(s) batería(s) de estos hibridos y eléctricos son de alto valor al tener que remplazarlas. Otro problema a considerar es que estos vehículos requieren mantenimiento de los concesionarios y puede salir muy caro el asunto.

Es recomendable el leer las sugerencias de los manufacturados de autos. El manual del dueño tiene incalculable información de cómo mantener su carro en sus mejores condiciones. He aquí algunas sugerencias para tratar de obtener un mejor rendimiento de combustible al conducir y la duración de auto en general:

1-Inspeccione con frecuencia la batería de su auto. Asegurece que está libre de corrosión (un polvo blanco) que tiende a desarrollarse en los polos o terminales. La batería debe de esta bien asegurada.

2-Cambie el aceite y filtro de su auto conforme las sugerencias del manufacturador. Por lo normal se hace cada 3,000 millas aunque dependiendo del vehiculo esto puede variar. Si usa aceite sintetico puede ser que no se vea en necesidad de cambiar el aceite con tanta frecuencia. Esta clase de aceite tiende a proveer mejor protección al motor de su auto. Preste atención a la indicadora de aceite en el tablero de su auto. Si su auto se queda sin aceite

dañara el motor. Las juntas (head gaskets) se deterioran con el tiempo. Esto causa que el aceite se escape del motor.

3-Su auto es diseñado para ser conducido con cierto tipo de gasolina. Hay autos cuyos dueños en vez de echarle gasolina de octanaje de 87 le echan de 93 etc puesto que piensan que estos necesariamente los ayudará a correr mejor. Algunos expertos no están de acuerdo con este pensamiento. Hagamos un ejercicio sencillo de matemáticas. Si un galón de gasolina de octanaje 87 cuesta $3.00 y el de octanaje 93 cuesta $3.40 al echar una cantidad de mil galones durante un año, se pierden $400.00 Por normal los conductores promedian entre 12,000 a 15,000 millas por año. Esto quiere decir que si multiplicamos los $400. 00 x 12,000 millas esto incurre un gasto innecesario de $4,800.00 $400.00 x 15,000 equivale a $6,000.00. Usted tiene la última palabra. Si escucha su auto "pistonear" al subir cuestas, es posible que quiera usar una gasolina de mayor octanaje.

4-Manteniendo las llantas infladas de forma sugerida por el manufactuador ha probado ser eficiente en el ahorro de combustible. Es recomendable medir la presión de aire en las mismas cada dos semanas o al menos una vez al mes. Hay personas que llenan las llantas o neumáticos con nitrógeno. Dicen que se desinflan menos rápido y asi ahorran más combustible. El nitrógeno puede tener un costo mayor que simplemente echarle aire.

Intercambiar las llantas (rotar) ha comprobado ser eficiente en el tiempo de duración de las mismas. Hoy en dia la mayoría de los autos son de fabricación de tracción delantera (osea que las gomas del frente son las que inician el movimiento del auto). Anteriormente se usaba tracción trasera. Sin importar cualesquiera de estas, las gomas que producen el movimiento inicial tienden a gastarse más rápido. Debido a esto, se recomienda que se intercambien cada 6,000 millas para darles aproximadamente el mismo uso. Tener un auto de tracción en las cuatro gomas no garantiza que se detendrá a menos distancias de uno de tracción en dos gomas.

5-Prestar atención al tablero del auto es de vital importancia ya que cualquier mal funcionamiento puede ser indicado por medio de los sensores y la computadora del auto. Préste atención a estos símbolos con prontitud.

6-Una vez al mes saque tiempo para medir el nivel del antifreeze (coolant), líquido de freno y power steering.

7-Solicite un estimado por escrito de parte de los talleres de reparación antes de que hagan cualquier clase de trabajo en su auto. De no estar satisfecho (a) con el trabajo echo,

puede hacer su queja con el departamento de motores y vehículos o cualquier otra autoridad pertinente.

1-Este vehículo está obligado a parar ante toda vía de tren:

a) el camión del lechero

b) una guagua (bus)escolar

c) un auto de pasajeros

d) un camión de granja

2-Cuando usted mira o escucha venir un vehículo de emergencia usted debe:

a) detenerse donde usted está

b) moverse a la derecha y deternerse

c) una vez lo reconoce le saluda

d) continua manejando pero con cuidado

3-Mientras maneja en la ciudad usted debe mirar delante de usted al menos:

a) ½ bloque (cuadra) de distancia

b) hasta la próxima luz (semáforo)

c) un bloque (cuadra) adelante

d) el carro en frente de usted

4-Es necesario el usar las luces cortas mientras conduce en:

a) va en el expreso o highway

b) en neblina

c) en una calle con luz

d) ambas la b y la c

5-Su carro "tira" hacia un lado al usted frenar. ¿Qué debe inspeccionar?

a) la suspensión

b) el power steering

c) los frenos

d) la valvula de aire

6-¿Qué debe hacer en una intersección de 4 señales de alto o pare?

a) parar, esperar que otros carros se muevan

b) parar completamente, proseguir si no hay peligro

c) reducir y darle paso a los demás

d) si va a doblar, solo mira y sigue

7-Cuando dos carros se detienen en una intersección, cuál tiene derecho a seguir?

a) el carro de la izquierda

b) el carro de la derecha

c) ambos pueden proceder con cuidado

d) el que tenga más prisa

8-Usted intenta entrar en un driveway inmediatamente después de doblar. ¿Cuándo pone al señal?

a) cuando entra la intersección

b) antes de la intersección

c) en el driveway

d) 100 yardas antes de doblar

9-En estos dos lugares hay mayores posibilidades de que resbale el carro:

a) área de sombras y puentes

b) en las esquinas y calles de la ciudad

c) en calles sin asfalto

d) todas están correctas

10-¿Cómo debe mirar hacia atrás al dar reversa a la derecha?

a) mira a la izquierda sobre su hombro

b) usa los espejos retrovisores

c) se voltea a la derecha y mira hacia atrás

11-¿Dónde debe detenerse en una intersección?

a) junto al letrero del pare

b) antes de la linea de peatones

c) antes de la linea de parar

d) todas las anteriores

12-¿Que significa tailgating?

a) mirar directamente al carro de en frente

b) conducir demasiado cerca del carro al frente suyo

c) hacer una fiesta en el estacionamiento

d) parar de repente

13-Usted desea estacionarse en una cuesta que va hacia abajo. Dobla las ruedas:

a) hacia la carretera cuesta abajo

b) hacia la acera

c) hacia la calle del frente

d) todas están correctas

14-Cuando llueve fuerte usted debe:

a) reducir la velocidad a menos de lo establecido

b) va al limite establecido

c) va como le parece mejor

d) conduce a 5 millas menos de lo establecido

15-Usted se acerca a una guagua escolar que está recogiendo niños. Usted debe:

a) parar, seguir cuando no sea peligroso

b) detenerse hasta que la calle esté limpia

c) detenerse hasta que las luces rojas se apaguen.

16-La primera habilidad que el alcohol afecta en el conductor es:

a) coordinación

b) el juicio

c) aparato locomotor

d) el hablar

17-Una rueda se revienta en la calle, para detenerse usted:

a) aprieta los frenos firmemente

b) no aprieta los frenos violentamente

c) "pompea los frenos"

d) "pompea" ligeramente los frenos

18-Usted debe ceder el paso a un peatón:

a) siempre

b) sólo si el peatón está cruzando por la linea

c) sólo si la señal indica "camine"

19- Señales y letreros que indican "no pase" significa:

a) que no puede ver lo suficiente delante de usted

b) que puede haber peligro

c) que carros pueden venir

d) todas están bien

20-La manera más segura para volver a cambiar de lineas al pasar otro carro es:

a) cuando puede ver el otro carro sobre sus hombros

b) ve parte del otro carro en su espejo retrovisor

c) ve las luces del frente del auto que acaba de pasar en su espejo retrovisor

21-La carretera está más resbalosa en el verano cuando:

a) comienza a llover

b) después de que ha llovido mucho tiempo

c) cuando le hechan pavimento nuevo

22-Usted ve a un hombre con un bastón blanco, usted cede el paso porque:

a) es sordo

b) es una persona humilde

c) es un viejo

d) es un ciego

23-Un vehículo se aproxima en vía contraría con las luces altas, usted:

a) mira directamente hacia las luces

b) mira hacia la linea blanca del pavimento de la derecha

c) le da un cambio de luces

24-¿Cuál de éstas le ayuda a recuperarse despues de habe tomado?

a) dejar pasar el tiempo

b) tomar café negro

c) aire fresco

d) una ducha con agua fría

25-Si su carro resbala sobre hielo usted:

a) dobla el guía en dirección a que el carro va

b) dobla el guia en via contraria al carro

c) aprieta fuerte los frenos

d) toca la bocina

26-¿Qué puede ayudarle a reducir los daños físicos en un accidente?

a) conducir debajo del "tablero"

b) taparse la cara con los brazos y manos

c) ponerse los cinturones de seguridad antes de salir

d) ninguna está correcta

27-Una luz roja intermitente significa:

a) reduzca la velocidad y siga con precaución

b) no hay que detenerse,

c) detengase, siga cuando no hay peligro

d) ceda el paso

28-Si la suspension del carro está mala hace que el carro:

a)   corra menos rápido

b)   que bote el aceite

c)   tire hacia un lado al tratar de frenar

d)   gaste las gomas, llantas o neumaticos

29-En viaje largo usted debe planear descansar:

a)   cada dos horas

b)   cada cuatro horas

c)   cada cinco horas

d)   ninguna de las respuetas

30-En una intersección con la luz roja, un policía le indica que que proceda usted:

a)   sigue sus intrucciones

b)   obedece la luz roja

c)   se detiene y procede con precaución

d)   espera por el otro trafico que pare.

31-La mejor manera de evitar "hydroplanear" es:

a)   frenar sin mucha presión

b)   no conducir rápido, preferiblemente debajo de 35 millas

c)   mantener la velocidad

d)   conducir sólo con ruedas nuevas

32-Una luz amarilla intermitente significa:

a) reduzca la velocidad y mire en ambas direcciones

b) pare y proceda con precaución

c) ninguna está correcta

33-Una onza y media de alcohol en un trago de whiskey equivale a:

a) una lata de 12 oz. de cerveza

b) 3 latas de 12 oz. de cerveza

c) 2 latas de 12 oz. de cerveza

d) 4 latas de 12 oz. de cerveza

34-Si se toma 3 cervezas, cuánto dilata el alcohol en salir de la sangre?

a) un ahora

b) 3 horas

c) 2 horas

d) 4 horas

35-Dos carros en dirección contraria, uno va derecho otro va a doblar a la izquierda

a) el que va derecho cede el paso

b) el que va a doblar a la izquierda cede el paso

c) los dos tienen derecho a seguir

d) los dos proceden

36-Está lloviendo y usted casi no puede ver hacia delante, usted:

a) prende las luces cortas

b) prende las luces largas

c) prende las luces de neblina

d) siga igual

37-No use líquido de lavar los cristales en días fríos porque:

a) si los limpia brizas están fríos se rompen

b) el líquido se congela

c) usa un scraper

d) se rompe el cristal

38-Un peatón está a punto de cruzar la calle no le ve a usted:

a) toca la bocina bien fuerte

b) prende las luces

c) toca la bocina ligeramente

d) cede el paso al peatón

39-La velocidad a conducir en una área residencial por lo normal es:

a) 35 mph

b) 25 mph

c) 15 mph

d) 40 mph

40-La gente que usa marihuana y conducen:

a) están más atentos

b) hacen más errores que otro conductores

c) no les pasa nada

d) conducen como si estuvieran cansados

41-Conducir a 15mph, menos del limite establecido puede:

a) ser bueno porque a usted no le dan un ticket

b) puede causar un accidente

c) no importa si conduce a su derecha

42-Usted va conduciendo y unos niños están jugando en la linea de la izquierda, un ciclista va delante por la derecha, ¿que hace usted?

a) suena la bocina para dejarle saber al ciclista

b) usted espera que los niños se muevan para pasarle al ciclista

c) acelera para pasarle al ciclista

43-Usted está saliendo de una autovia, ¿cuándo reduce la velocidad?

a) antes de llegar a la linea de salida

b) al final de la linea de salida

c) al entrar en la linea de salida

d) todas están bien

44--Usted está entrando a un highway, necesita un espacio de ____ antes de entrar:

a) 2 segundos

b) 4 segundos

c) 8 segundos

d) 12 segundos

45-¿Con qué frecuencia debe usted mirar por sus espejos retrovisor y laterales?

a) varias veces por minuto

b) mirar de vez en cuando

c) cuando escucha una sirena de emergencia

d) cada dos minutos

46-¿A qué temperatura en el invierno se congela una carretera?

a) alrededor de 32 grados F

b) 25 grados F

c) -10 grados

d) a cualquiera de estas

47-Una flecha verde en una luz roja significa:

a) puede doblar en dirección opuesta a la flecha

b) no puede doblar en dirección a la flecha

c) el tráfico de vía contraria está detenido por una luz roja

d) no dobla hasta que la luz se pone verde

48-En días de neblina o de noche, usted debe:

a) conducir a 20 mph

b) a 40 mph

c) a 30 mph

d) depende de la visibilidad

49-Si usted toma medicina y toma alcohol:

a) conduce con más precaución

b) ninguna medicina hace efecto

c) puede tener un accidente fácilmente

50-Usted está conduciendo en un highway, otros van a entrar; usted:

a) toca la bocina

b) acelera para darle espacio detras de usted

c) reduce y conduce con precaución

d) cambia a la otra línea si no es peligroso

51-Usted va a pasar un auto delante de usted. Usted:

a)   toca la bocina

b)   considera el espacio delante del carro

c)   mira el espejo lateral derecho

d)   cambia la estación

52-La policía le detiene para acerle un examén de alcohol, usted se niega:

a)   no tiene que ir a corte

b)   lo meten preso hasta volverse sobrío

c)   licencia suspendida por 6 meses

d)   licencia suspendida por 3 meses

53-Las luces cortas deben ser utilizadas:

a)   cuando las largas hacen falta

b)   se dañó su carro

c)   en lluvia y/o neblina

d)   estacionado

54-Un silenciador que no trabaja bien:

a)   puede matar las personas dentro del carro

b)   puede hacer que el carro se encienda

c)   a y b

d)   ninguna

55-Un letrero de velocidad en la carretera significa:

a) no hay mucho tráfico

b) hay mucho tráfico

c) velocidad maxima bajo las mejores condiciones

d) el limíte cuando está lloviendo

56-¿A qué distancia de una señal de pare o alto debe usted estacionarse?

a) 10 pies

b) 25 pies

c) 50 pies

d) 100 pies

57-¿Qué quiere decir la expresión "evadir la responsabilidad?

a) falta por no llenar un reporte de accidente

b) falta por no detenerse al envolverse en un accidente.

c) no tener su carro asegurado

58-Usted está estacionado en la calle a punto de salir. Hay muchos peatones y movimiento de autos. ¿Qué debe hacer?

a) pone la señal antes de salir

b) saca la mano

c) mira los "espacios ciegos".

d) todos están correctas

59-La ley prohibe la renovación de una registración de un auto cuando:

a) este tiene fallas mecanicas

b) si el para brisas está roto

c) si no se han pagado los impuestos

d) ambas a y c

60-La mayoría de las habilidades de conducir se basan:

a) en su sentido de olfato

b) su sentido de balance

c) su sentido de oir

d) su visión

61-En una intersección sin control de tráfico la ley específica:

a) quien tiene derecho a seguir primero

b) no dice nada

c) Ningún conductor debe ceder

62-¿Cúando usted se vea envuelto en un accidente, lo primero que debe hacer es?

a) pararse y ayudar los heridos

b) pregunte el nombre del otro conductor

c) analice el daño y llame la policía

d) consiga los nombres de los testigos

63-Los cinturones de seguridad son requeridos excepto:

a) cuando le molestan al conductor

b) cuando los pasajeros de atrás son mayores de 16 años

c) es una mujer embarazada

d) no hay excepción

64-Cuando un carro va a pasarle, usted debe:

a) cierrele el paso para que no le pase

b) acelere

c) después que le pase, asustelo

d) reduzca y permitale pasar

65-Si usted causa daño a un auto desatendido usted debe:

a) quedarse en la zona del accidente hasta que aparezca el otro dueño

b) no se preocupe si el daño es menos de $1,000.00

c) deje que su seguro pague el daño

d) deje una nota y llame la policía

66-¿Cúal es la distancia minima que debe dejar cuando conduce detrás de un carro?

a) 1-2 segundos

b) 3-4 segundos

c) 7-8 segundos

67-Al acercarse a una intersección marcada por una señal de "yield" ceda el paso usted debe:

a)   mantener la misma velocidad y mirar a ambos lados

b)   parar y después entrar rapidamente en la intersección.

c)   disminuir la velocidad, ceder el derecho al paso o parar si es necesario

68-Un autobús escolar está parado con las luces rojas intermitentes encendidas. Usted debe:

a)   pasar el autobús con extremo cuidado

b)   tocar la bocina o pito para avisar al conductor que ud. le va a pasar

c)   parar por lo menos 10 pies del autobús hasta que las luces intermitentes se apaguen

69- Usted va en una calle de dos direcciones, y quiere pasar a otro carro. Un auto viene hacia usted, es peligroso pasar si:

a)   el auto que viene hacia ud. parece estar inmóvil

b)   el auto que viene hacia ud. parece acercarse

c)   el auto que viene hacia usted se detiene.

70- El control más importante en un auto cuando se trata de evitar resbalones es:

a)   el timón o volante

b)   los frenos

c)   el acelerador o pedal de la gasolina

71-Ajuste sus espejos retrovisores y laterales:

a) antes de entrar a su auto

b) antes de empezar a conducir

c) siempre que necesite usarlos

72-¿Qué exige la ley cuando usted le cambia la apariencia, el motor o el equipo mecánico de un vehículo ya registrado?

a) notificar al departamento de policia

b) notificar a su compañia de seguros

c) notificar el departamento de motores y vehículos

73-Una goma o llanta se revienta mientras conduce, usted debe:

a) sugetar el volante firmemente, no aplicar los frenos fuertemente

b) aplicar el freno firmemente

c) bombear el freno

74-Usted se estaciona en una calle cuesta arriba y no hay borde de acera. ¿Cómo coloca las gomas o llantas?

a) voltee el timón hacia la izquierda y dirija las ruedas delanteras hacia la calle.

b) mantenga las ruedas delanteras derechas

c) voltee el timón hacia la derecha

75-¿Qué significan señales de carreteras en forma de diamante?

a) pare

b) cruce de ferrocarril

c) precaución

76-¿Cómo puede indicarle al conductor que lo sigue que usted va a disminuir la velocidad en el medio de una cuadra?

a) ponga sus luces de emergencia

b) ponga sus señales de doblar

c) presione el pedal de freno ligeramente varias veces

77-Se prohibe pasar en cualquier dirección cuando las calles tienen las siguientes marcas:

a) lineas interrumpidas en ambos lados

b) lineas sin interrupción en ambos lados

c) lineas sin interrupción de su lado, interrumpidas del otro

78-Usted esta parado y nota que un auto le va a pegar a su auto por la parte tracera. Usted debe:

a) prepararce para volver a aplicar los frenos

b) cubrirse la cara con las manos

c) cambiar la velocidad a neutral

79-¿Cúal de las siguientes superficies se congela primero?

a) un area de juegos

b) una intersección

c) un tunel

80-Antes de empezar a pasar a otro carro usted debe:

a) mirar por los espejos de los lados

b) mirar por los espejos de los lados y mirar por encima del hombro

c) mirar por el retrovisor, lateral antes de mirar por arriba del hombro

81-¿Qué debe hacer para traspasar un vehículo cuyo título está en poder del banco?

a) no se puede traspasar la propiedad

b) someter solamente la solicitud de registro

c) obtener el titulo de propiedad transferido por el vendedor mediante el pago de la suma adeudada

82- Señales y marcas en los carriles que dicen "no passing zone" (no pasar en esta zona) le indican:

a) no puede ver suficientemente delante de usted para pasar

b) que vienen autos en dirección opuesta

c) que los autos en dirección opuesta pueden estar pasando.

83-¿Cúando le permite la ley doblar a la derecha con una luz roja?

a) siempre, si no lo indica otra cosa en un letrero o si no vienen otros autos

b) nunca

c) siempre mientras no haya peatones en el camino

84- Si el extremo posterior de su carro comienza a patinar hacia el lado derecho de la carretera, usted debe timonear a la derecha y:

a) bombear los frenos

b) aplicar los frenos suavemente

c) no use los frenos

85-Cuando se conduce en una curva, una buena medida es:

a) ir por el centro del camino

b) reducir la velocidad al entrar en la curva solo si la calle está mojada

c) ajustar la velocidad antes de entrar en la curva para no tener que frenar en ella

86-¿Cúando require la ley que se enciendan los faroles delanteros?

a) entre el crepúsculo y el amanecer

b) media hora antes de la puesta del sol y media hora antes de la salida del sol

c) a nínguna hora en especial

87-Si la luz de un semáforo cambia mientras un peatón está todavía en la calle, ¿quién tiene el derecho a la vía?

a) el peatón

b) el motorista que está doblando

c) el motorista que viene a la derecha

88-Usted ve un semáforo con una luz roja intermitente usted debe:

a) disminuir la velocidad y mirar a ambos lados

b) parar por completo y proseguir cuando el camino está despejado

c) parar y esperar que la luz cambie a verde

89-Usted conduce en neblina. ¿Qué es lo más importante para decidir a que velocidad conducir?

a) a que distancia puede ver

b) con que rapidez puede detenerse

c) la cantidad de tráfico

90-Usted debe permitir suficiente distancia entre su auto y camiones grandes que vayan delante de usted porque:

a) usted necesita el espacio adicional para ver alrededor del vehículo y los lados

b) otros conductores tienen que ponerse detrás de los camiones para poder pasarlos

c) si usted lo sigue demasiado cerca recibira los vapores del escape del camión

91-Usted está conduciendo y observa un accidente en el camino adelante. Usted debe avisar al conductor que viene detrás:

a) presionando el acelerador

b) encendiendo las señales de emergencia

c) moviendo la mano de arriba a abajo

92-La mejor razón para conducir más lentamente de noche que de día es:

a) no se puede ver tan lejos

b) a ud. puede darle sueño a causa del poco tráfico

c) los conductores tienden a descuidarse más por la noche

93-Si usted se cansa o tiene sueño mientras conduce usted debe:

a) detenerse y descansar

b) conducir más cuidadosamente

c) poner la radio

94-¿Cúantas bebidas alcohólicas afectarán su manera de conducir?

a) una

b) dos

c) tres

95-Un conductor debe encender las luces cuando llueve o neva:

a) para ver camino adelante

b) para ser visto por otros

c) para advertir a otros de malas condiciones

96-Usted se acerca a una intersección de tráfico de dos direcciones. Usted debe mirar:

a) a la izquierda

b) a la izquierda, a la derecha, a la izquierda

c) cuando los autos se acercan

97-¿En cúal carril de tráfico debe usted esar cuando dobla a la derecha?

a) no importa si usted hace señal

b) en el carril más cercano al centro del camino

c) en el carril de la extrema derecha

98-Si usted fuma debe limpiar el interior de sus ventanas porque:

a) El humo deja que particulas se acumulen en los cristales

b) el aire viciado puede distraerlo

c) el polvo tiende a depositarse en las ventanillas laterales del auto

99-Cuando usted entra en una carretera de intenso tráfico por la rampa de entrada usted debe:

a) ejercer habilidad y cautela para entrar con seguridad a la carretera e integrarse fácilmente

b) parar al final de la rampa para esperar un espacio libre

c) mantener la velocidad y dejar que los otros conductores le cedan espacio

100-Si usted se pasa una luz roja, esto equivale a una infracción de:

1-un punto menos en la licencia

2-Dos puntos menos en la licencia

3-tres puntos menos en la licencia.

Master answers

1-b	26-c	51-b	76-c
2-b	27-c	52-c	77-b
3-c	28-d	53-c	78-a
4-b	29-a	54-a	79-c
5-c	**30-a**	**55-c**	**80-c**
6-b	31-b	56-b	81-c
7-b	32-a	57-c	82-a
8-a	33-a	58-d	83-a
9-a	34-b	59-c	84-c
10-c	35-b	60-d	85-c
11-c	36-a	61-a	86-b
12-b	37-b	62-a	87-a
13-b	38-a	63-d	88-b
14-d	39-b	64-d	89-a
15-c	40-b	65-d	90-a
16-b	41-b	66-b	91-b
17-B	42-b	67-c	92-b
18-a	**43-c**	**68-c**	**93-a**
19-a	**44-b**	**69-b**	**94-a**
20-c	45-a	70-a	95-a
21-a	46-a	**71-b**	**96-b**
22-d	47-c	**72-c**	**97-c**
23-b	**48-d**	**73-a**	**98-c**
24-a	**49-c**	**74-c**	**99-a**
25-b	**50-d**	**75-c**	**100-b**

Printed in the United States
By Bookmasters